博罗县革命老区发展史

博罗县革命老区发展史编委会　编

SPM 南方出版传媒　广东人民出版社
·广州·

图书在版编目（CIP）数据

博罗县革命老区发展史 / 博罗县革命老区发展史编委会编. —广州：
广东人民出版社，2021.7

（全国革命老区县发展史丛书·广东卷）

ISBN 978-7-218-14699-7

Ⅰ.①博…　Ⅱ.①博…　Ⅲ.①博罗县—地方史　Ⅳ.①K296.54

中国版本图书馆CIP数据核字（2020）第242162号

BOLUO XIAN GEMING LAOQU FAZHANSHI

博罗县革命老区发展史

博罗县革命老区发展史编委会　编　　　　　　版权所有　翻印必究

出　版　人：肖风华

责任编辑：黄洁华　李　欣
装帧设计：张力平等
责任技编：吴彦斌　周星奎

出版发行：广东人民出版社
地　　址：广州市海珠区新港西路204号2号楼（邮政编码：510300）
电　　话：（020）85716809（总编室）
传　　真：（020）85716872
网　　址：http://www.gdpph.com
印　　刷：广州市浩诚印刷有限公司
排　　版：广州市友间文化传播有限公司
开　　本：715mm×995mm　1/16
印　　张：11　插　页：6　字　数：155千
版　　次：2021年7月第1版
印　　次：2021年7月第1次印刷
定　　价：60.00元

如发现印装质量问题，影响阅读，请与出版社（020-85716849）联系调换。
售书热线：（020）85716826

微信扫描二维码 ◀◀◀
您立即获得本书主要内容/
丛书介绍。

广东省编纂《革命老区县发展史》丛书
指导小组

组　　长：陈开枝（广东省老区建设促进会会长）

副组长：林华景（广东省老区建设促进会常务副会长）

　　　　宋宗约（广东省农业农村厅二级巡视员、广东省老

　　　　　　　　区建设促进会副会长）

　　　　刘文炎（广东省老区建设促进会副会长）

　　　　郑木胜（广东省老区建设促进会副会长）

　　　　姚泽源（广东省老区建设促进会副会长兼秘书长）

　　　　谭世勋（广东省老区建设促进会副会长）

　　　　廖纪坤（广东省农业农村厅总经济师）

办公室

主　　任：姚泽源（兼）

副主任：韦　浩（广东省农业农村厅扶贫协作与老区建设处

　　　　　　　　处长）

　　　　柯绍华（广东省老区建设促进会副秘书长）

　　　　伍依丽（广东省老区建设促进会副秘书长）

惠州市编纂《革命老区县发展史》丛书
指导小组

组　　长：王开洲（惠州市委常委）

副组长：陈恩强（惠州市老区建设促进会会长）

　　　　李文忠（惠州市老区建设促进会副会长）

　　　　朱毅凡（惠州市委组织部副部长、老干部局局长）

成　　员：季广龙（惠州市老区建设促进会副会长）

　　　　聂炳兴（惠州市老区建设促进会副会长）

　　　　钟旺兴（惠州市老区建设促进会副会长）

　　　　刘育青（惠城区老区建设促进会会长）

　　　　王寿铨（惠阳区老区建设促进会会长）

　　　　李江雁（惠东县老区建设促进会会长）

　　　　郑继生（博罗县老区建设促进会副会长）

　　　　王庆元（龙门县老区建设促进会会长）

　　　　黄裕章（仲恺区老区建设促进会会长）

《博罗县革命老区发展史》编纂委员会

主 任 委 员：陈国煌

副主任委员：郑展基　潘燕梅

委　　　员：（排名不分先后）

朱瑞明　谢建华　刘剑烽

张福生　申旭民　唐高杰

罗建生　林伟涛　叶志雄

朱易彬　吴小明　许强军

吴冬蕾　郑继生

在举国欢庆新中国成立 70 周年前夕，中国老区建设促进会王健会长请我为《全国革命老区县发展史》丛书作序，作为一名在老区战斗过并得到老区人民生死相助的老兵，回首往事，心潮澎湃，感慨万千，深感义不容辞，欣然应允。

中国革命老区，是以毛泽东为代表的中国共产党人在领导人民推翻帝国主义、封建主义和官僚资本主义三座大山，争取民族独立和人民解放伟大斗争中建立的革命根据地，在这片红色的土地上，诞生了无数可歌可泣的革命英雄儿女，为后人树起了一座不朽的丰碑，她是新中国的摇篮，是党和军队的根。

在艰苦卓绝的战争年代，老区人民把自己的命运与中华民族的命运紧紧地联系在一起，与中国共产党和人民军队的命运紧紧地联系在一起，他们生死相依，患难与共。我曾亲历过战争年代，并得到过老区红哥红嫂的救助，切身感受到发生在身边的一幕幕撼天动地的革命故事，在那极其艰难的条件下，老区人民倾其所有、破家支前，不怕艰难困苦，不怕流血牺牲。"最后一碗米送去做军粮，最后一尺布送去做军装，最后一件老棉袄盖在担架上，最后一个亲骨肉送去上战场"，这是当时伟大的老区人民为建立新中国做出巨大牺牲的真实写照，它将永远镌刻在中国共产党、中国人民解放军、中华人民共和国的历史丰碑上。他们的光辉业绩永载史册，他们的革命精神必将影响一代又一代的革命新人，造就一代又一代的民族脊梁。

在社会主义革命和建设时期，革命老区和老区人民响应党的号召，面对落后的面貌、脆弱的经济、恶劣的生态环境，他们本色不变，精神不丢，自力更生，艰苦奋斗，干一行爱一行。始终坚持"革命理想高于天"，自觉做共产主义远大理想的坚定信仰者和忠实实践者，勇于向恶劣的自然环境和贫穷落后宣战，他们在各条战线上为国建功立业，用平凡的双手创造了一个又一个不平凡的奇迹，彰显了老区人的崇高精神和人格力量。

在改革开放的伟大进程中，老区人民解放思想，勇于创新，发奋图强，攻坚克难，老区的经济社会建设取得了辉煌成就。特别是在改变中国的面貌、中华民族的面貌、中国人民的面貌、中国共产党的面貌的伟大实践中发挥了至关重要的作用。老区人民既是改革开放的参与者，也是改革开放的推动者。

艰苦练意志，危难见精神。老区人民在近百年的革命战争、社会主义建设和改革开放的伟大实践中，孕育形成了伟大的老区精神：爱党信党、坚定不移的理想信念；舍生忘死、无私奉献的博大胸怀；不屈不挠、敢于胜利的英雄气概；自强不息、艰苦奋斗的顽强斗志；求真务实、开拓创新的科学态度；鱼水情深、生死相依的光荣传统。这是党和人民宝贵的精神财富、丰厚的政治资源，是凝心聚力、振奋民族精神的重要法宝，也是社会主义核心价值观的重要内容。

中国老区建设促进会怀着强烈的政治责任感和历史使命感，组织全国各地老促会人员克服困难，尽心竭力编纂《全国革命老区县发展史》丛书，记录老区的光辉历史和辉煌成就，传承红色基因，弘扬老区精神，是功在当代、利及千秋的一件大事。手捧这部丛书的部分书稿，读着书中的故事，倍感亲切，深感这部丛书具有资政、育人、存史的社会功能，有着重要的时代和历史价值。它是不忘初心、牢记使命的源头活水，是赞颂共产党、讴歌老区人民的一部精品力作，是弘扬老区精神、传承红色记忆的丰厚载体，是一项继承优秀传统文化、弘扬革命文化、发展社会主义先进文化，坚定"四个自信"的宏大文化工程。它必将成为一种文化品牌，为各界人士了解老区宣传老区支持老区提供一部有价值的研究史料。希望读者朋友们能从中了解并牢记这些为党和民族的利益不断奉献的老区人民，从中得到教益，汲取人生奋斗的精神动力。

新时代赋予新使命，新起点开启新征程。让我们更加紧密地团结在以习近平同志为核心的党中央周围，坚持以习近平新时代中国特色社会主义思想为指导，增强"四个意识"，坚定"四个自信"，做到"两个维护"，弘扬老区精神，铭记苦难辉煌。为实现"两个一百年"奋斗目标，实现中华民族伟大复兴的中国梦作出新的更大的贡献！

2019 年 4 月 11 日

　　2017 年 6 月，中国老区建设促进会组织全国各地老促会启动编纂《全国革命老区县发展史》丛书，按照"建立中国共产党、成立中华人民共和国、推进改革开放和中国特色社会主义事业"三大里程碑的历史脉络，系统书写革命老区百年历史，深入挖掘革命老区红色文化资源，这对于充实丰富中国革命史籍宝库、在新时代传承红色基因、弘扬革命精神、强固根本，对于激励人们在新的历史条件下夺取中国特色社会主义伟大胜利，实现中华民族伟大复兴的中国梦具有重要意义。

　　丛书编纂以习近平新时代中国特色社会主义思想为指导，以《中国共产党历史》《中国共产党的九十年》等重要文献为基本依据，以党的领导为核心，以老区人民为主体，以老区发展为主线，体现历史进程特征，突出时代发展特色，坚持辩证唯物主义和历史唯物主义相统一、历史真实性与内容可读性相统一的原则，书写革命老区从站起来、富起来到强起来的光辉革命史、不懈奋斗史、辉煌成就史，把老区人民的伟大贡献、伟大创造、伟大成就、伟大精神充分展示出来，形成一部具有厚重历史特征和鲜明时代特色的精品力作。这是一部培根铸魂、守正创新，既为历史立言，又为时代服务，字里行间流淌着红色血脉、催生着革命激情的传世之作。丛书的编纂出版将成为讴歌党讴歌人民讴歌时代、传播红色文化、为革命老区和老区人民树碑立传的重要载体。

　　丛书按照编年体与纪事本末体相结合、以编年体为主的编写体例确定框架结构；运用时经事纬、点面结合的方式记述史实；坚持人事结合、以事带人的原则处理人与事的关系；采取夹叙夹议、叙论结合以叙为主的方法展开内容。做到了史料与史论、历史与现实、政治与学术统一，文献性、学术性、知识性相兼容。

　　为编纂好《全国革命老区县发展史》丛书，打造红色文化品牌，中国老区建设促进会认真组织积极协调，提出政治立场鲜明、史料真实准确、思想论述深刻、历史维度厚重、时代特色突出、编写体例规范、篇目布局合理、审读把关严格、出版制作精良的编纂出版总要求，力求达到革命史籍精品的精神高度、思想深度、知识广度、语言力度，增强丛书的权威性和社会影响力。各省（区、市）、市（州、盟）、县（市、区、旗）老促会的同志，以强烈的使命感、责任感和紧迫感，勇于担当，积极作为，认真实施，组织由老促会成员、专家学者等参加的十余万人编纂队伍。编纂工作主体责任在县，省、市组织协调、有力指导、审读把关。各方面人员以高度负责的精神和科学严谨的态度，满腔热情地投入工作，为丛书编纂出版做出了重要贡献。丛书编纂工作还得到了党和国家有关部委、地方各级党委政府及有关部门的大力支持和积极参与，社会各界也给予了热情帮助。中共中央政治局原委员、中央军委原副主席、原国务委员兼国防部长迟浩田上将，对老区人民怀有深厚感情，对革命老区建设发展十分关注，欣然为《全国革命老区县发展史》丛书作总序。

　　丛书由总册和 1599 部分册（每个革命老区县编纂 1 部分册）组成，共 1600 册。鉴于丛书所记述的史实内容多、时间跨度长和编纂时间紧，不妥之处，敬请批评指正。

中国老区建设促进会

李源烈士

熊芬烈士

罗焕荣烈士

陈志仁烈士

东江纵队司令部旧
址——罗浮山冲虚
古观

东江纵队纪念馆

东江纵队前进报社
用过的印刷机

博罗抗日自卫大队队部遗址

博罗县烈士陵园

博罗解放日纪念碑

上坪伏击战遗址

罗村十二岭阻击战遗址

虾塱惨案遗址

园洲人民广场烈士雕像
纪念园

博罗县城新貌

博罗县城大桥路

国家 5A 级旅游景区罗浮山

施工中的博罗龙桥东江大桥扩建工程

华灯初上的县城罗阳城

广东省老区建设促
进会原会长林若
（左二）在博罗老
区调研

博罗县体育场

高铁列车奔驰在博罗大地

长宁镇松树岗村的生态环境越来越漂亮

博罗新作塘村新貌

长宁镇澜石村积极挖掘中医药文化

罗阳镇观背村壁画成为亮丽的风景线

柏塘镇发展山茶成为老区群众致富的门路

柏塘茶叶产业成为柏塘镇的特色产业

石坝三黄胡须鸡产业成为石坝镇的特色产业

绿油油的茶山成为游客必到之处

微信扫描二维码
您立即开展本书的
延伸阅读。

序　言　盛世修史传伟业　缚娄古国谱新篇 / 001

第一章　区域和革命老区概况 / 001

第一节　区域概况 / 002

第二节　革命老区概况 / 004

第二章　土地革命烽烟起　创业艰辛路坎坷 / 005

第一节　党团组织的创建与发展 / 006

第二节　工农运动的开展 / 008

第三节　四一二反革命政变在博罗 / 011

第四节　博西农民运动的再次开展 / 013

第五节　惠紫河博游击区的开辟 / 016

第三章　同仇敌忾御日军　罗浮山下红旗飘 / 019

第一节　卢沟桥事变后博罗救亡运动的兴起 / 020

一、抗日救亡运动如火如荼 / 020

二、党组织的恢复和重建 / 022

第二节　民众抗日武装的建立以及抗日民族统一战线的开展 / 025

　　一、博罗民众自卫武装的建立 / 025

　　二、抗日民族统一战线的开展 / 026

第三节　战时工作团的成立和活动 / 031

第四节　东江华侨回乡服务团的建立和"博罗队事件"始末 / 033

　　一、东江华侨回乡服务团在吉隆坡建立 / 033

　　二、"博罗队事件"始末 / 035

　　三、地方党组织的调整与壮大 / 039

第五节　茹屋保卫战的胜利和游击基地的巩固 / 041

　　一、茹屋保卫战 / 041

　　二、巩固游击基地 / 043

第六节　以罗浮山为中心的抗日根据地的形成以及抗日民主政权
　　　　的建立 / 045

　　一、以罗浮山为中心的抗日根据地的形成 / 045

　　二、抗日民主政权的建立 / 046

　　三、罗浮山会议的召开和"三棵松"战斗 / 047

第七节　抗日战争的胜利 / 050

第四章　博罗城头曙光现　筚路蓝缕庆翻身 / 053

第一节　争取和平民主与坚持自卫斗争 / 054

　　一、江北地区的反"清剿"斗争 / 054

　　二、东江纵队主力北撤后隐蔽待机方针的贯彻 / 055

第二节　党组织和武装斗争的恢复 / 058

　　一、恢复武装斗争的指示 / 058

二、武装部队的建立与打击地方反动势力 / 059

第三节　反击国民党当局第一、二期"清剿" / 063

一、反击第一期"清剿" / 063

二、粉碎第二期"清剿" / 064

第四节　粤赣湘边区党委和粤赣湘边纵队东江第三支队的建立 / 067

一、中共粤赣湘边区委员会的成立 / 067

二、粤赣湘边纵队东江第三支队的成立 / 068

第五节　上坪大捷以及解放区政权的建立 / 069

一、上坪大捷 / 069

二、解放区政权的建立 / 072

第六节　开展策反工作分化瓦解敌人 / 076

第七节　迎军支前工作的开展 / 079

第八节　粤赣湘边纵队春季攻势和夏季攻势 / 081

一、罗村阻击战 / 081

二、石坝追击战 / 084

第九节　博罗县全境解放 / 088

第五章　魅力博罗　与时俱进 / 091

第一节　百废待兴从头越　同心戮力挖穷根 / 092

第二节　改革开放号角响　奋力前行20年 / 095

第三节　高歌猛进换新颜　大步跨进新时代 / 098

第四节　老区初现新面貌　措施得力添干劲 / 101

一、补齐短板强弱项　主动担当敢作为 / 101

二、开创发展新天地　措施得力干劲添 / 102

第五节　老区人民多壮志　敢教日月换新天 / 105

第六节　十八大精神结硕果　万千彩笔绘蓝图 / 110

附　录 / 113

附录一　革命遗址和纪念场馆 / 114

　　　一、博罗县总工会旧址 / 114

　　　二、中共博罗县城党团联合支部旧址 / 114

　　　三、博罗抗日自卫大队队部旧址 / 115

　　　四、下马石伏击战遗址 / 115

　　　五、东江华侨回乡服务团博罗队队部旧址 / 115

　　　六、冯屋之战遗址 / 116

　　　七、茹屋村反击战遗址 / 116

　　　八、东江纵队司令部旧址 / 116

　　　九、东江纵队前进报社的印刷机 / 117

　　　十、博罗县抗日民主政府旧址 / 117

　　　十一、虾塱惨案遗址 / 117

　　　十二、东江纵队纪念馆 / 118

　　　十三、上坪伏击战遗址 / 118

　　　十四、园洲人民广场烈士雕像纪念园 / 118

　　　十五、博罗解放日纪念碑 / 119

附录二　博罗英烈　名垂千古 / 120

附录三　大事记 / 125

附录四　博罗县革命老区镇（村）一览表 / 142

后　记 / 156

盛世修史传伟业　缚娄古国谱新篇

盛世修史，意义重大。

中国老区建设促进会于2016年6月发出编纂《革命老区县发展史》的倡议，得到了全国各级老区建设促进会的响应和支持。博罗县委、县政府十分重视这一工作，在较短时间内成立了以县领导为组长，由老区建设促进会和有关部门负责人共同组成的编委会，使编纂工作得以紧张而有序地开展。

广东省老区建设促进会根据中国老区建设促进会的要求，结合广东实际，下发了《广东省〈革命老区县发展史〉丛书编纂大纲》，提出了简明、清晰的写作大纲，使我们在编纂过程中少走不少弯路。

《博罗县革命老区发展史》记述博罗老区人民在中国共产党的领导下，为推翻压在头上的三座大山，前仆后继、英勇斗争、流血牺牲，终于迎来了中华人民共和国成立的伟大胜利。解放后，具有光荣传统的博罗老区人民发扬自力更生、艰苦奋斗、敢为人先的革命精神，改变了家乡"一穷二白"的落后面貌，和全国人民一道迈向小康社会。可以说，《博罗县革命老区发展史》就是博罗老区的革命史、光荣史和优良传统史。

事实证明，一部真实、准确、全面、生动的革命老区发展史，对于激励广大读者"不忘初心，牢记使命"，具有十分重要的教育意义和现实意义。

中国老区建设促进会和广东省老区建设促进会一再告诫《革命老区县发展史》编撰组的同志们，一定要树立"质量第一"的意识，一定要注意书稿的质量。根据这一要求，编撰组的同志认真收集资料，反复修改书稿，经过近两年的努力，《博罗县革命老区发展史》终于和读者见面了。假如这本书能使人们对博罗老区人民的贡献和牺牲有更深刻的了解，受到启迪和教育，我们就心满意足了。

《博罗县革命老区发展史》编委会

2021年6月

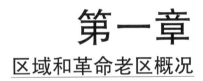

第一章

区域和革命老区概况

第一节 区域概况

博罗县位于东江下游北岸，地处珠江三角洲北端，东部毗邻河源，西部紧靠增城，南部与惠城区、惠阳区、东莞市隔江相望，北部与增城、龙门接壤。博罗全境处于九连山余脉南麓。地势自东北向西南倾斜，东、西、北三面为丘陵地带，东南沿江和西南边陲较为平坦，间有山丘台地。海拔千米以上的桂山、象头山、罗浮山雄踞其间，形成三足鼎立之势。东江由东向南穿越县境南端，源于桂山的杨村河，象头山的雷公河、良田河及罗浮山的沙河、福田河均由北向南流入东江。广汕、广梅公路横跨全境，是粤北通往广州的必经之路。

博罗历史悠久，是南粤文明古镇之一。早在新石器时期就有人类活动，春秋战国时期属百越之地，其文明的程度可与中原媲美，当时曾建立过一小国——缚娄（故有因"博罗"同"缚娄"谐音而得名之说）。后为楚国属地。秦始皇三十三年（公元前214年）设置傅罗县，晋太康元年（280年）改称博罗县，至今已有2200多年历史。

博罗属亚热带季风气候区，年平均气温21℃左右，年降雨量1700~2400毫米，雨量充沛，日照资源充足，四季如春。北宋大文豪苏东坡赞曰"罗浮山下四时春，卢橘杨梅次第新"，表达了"不辞长作岭南人"的心愿。博罗境内西北部多为山地，东北为丘陵、台地，沿江和西南面多为冲积小平原。全县耕地面积79.8

万亩（1亩≈666.67平方米，下同），山地面积249.5万亩。全县森林覆盖率达53.18%。广东三大水系之一的东江环绕博罗近百千米，境内有较大的河流29条，有大中小型水库453座。境内现已探明的主要矿产有石灰石、瓷土、铁矿、钽铌矿、铅锌矿等20多种，且矿泉水资源丰富，开采价值颇高。境内山川秀美，人文荟萃，名胜古迹众多，旅游资源相当丰富，特别是中国十大道教名山之一的罗浮山，有"百粤群山之祖"和"岭南第一山"之称，集山水美景、名胜古迹和道、佛两教于一山，融自然景观与人文景观于一体，是著名的旅游度假胜地。横亘于博罗腹地的象头山，是省级自然保护区，是一座蕴藏着极为丰富的旅游资源的宝山。

中华人民共和国成立后，博罗县先后隶属于东江行署、粤中行政公署、佛山行政公署、惠阳行政公署，1988年撤销惠阳地区行政公署设立惠州市后，改属惠州市辖县。全县总面积2855平方千米，总人口926884人。博罗县下辖罗阳、义和、龙溪、长宁、福田、石湾、园洲、九潭、湖镇、响水、平安、柏塘、杨村、公庄、麻陂、石坝、蓝田、观音阁、泰美、仍图等22个镇，359个村（居）委员会。县政府驻地设在罗阳镇。

2018年博罗实现地区生产总值650.18亿元，同比增长5%；人均地区生产总值60714元，同比增长5%；规模以上工业增加值同比增长4.3%；城乡居民人均可支配收入2.75万元，同比增长9.9%；完成税收收入90.92亿元，同比增长22.6%；一般公共预算收入44.77亿元。

革命老区概况

中华人民共和国成立后，广东省根据中共中央、国务院有关方针政策，并结合全省实际，基本上以村庄（村民小组）为单位，进行了三次全省性的评划老区村庄工作。

1957年4月，广东省人民委员会制定评划革命老区根据地的标准。7月，惠州各地开展评划工作。

据1959年统计，博罗县评划出第二次国内革命战争和抗战时期的老区村庄824个，其中红色根据地147个，红色游击区62个，抗日根据地289个，抗日游击区326个。

1993年8月，经中共惠州市委、市政府批准，博罗县福田、长宁、龙溪、龙华、九潭、石湾、园洲、湖镇、罗阳、响水、横河镇共399个村庄补划为抗日战争时期游击根据地。

1994年5月21日，经广东省民政厅审批，惠州全市有革命老区（镇）56个，其中博罗县17个。

同年9月3日，经中共惠州市委、市政府审批，博罗县公庄镇17个村庄评划为解放战争时期游击根据地；湖镇镇4个村庄、园洲镇4个村庄补划为抗日战争时期游击根据地。

全县有革命老区村庄1383个，人口47.8万人，占全县总人口的63%。其中，抗战时期的老区村庄551个，人口27.29万人，解放战争时期的老区村庄832个，人口20.5万人，分布在20个镇，251个村委会和居委会。

第二章

土地革命烽烟起　创业艰辛路坎坷

第一节 党团组织的创建与发展

　　1919年5月，北京爆发了五四运动。北京青年学生的爱国行动极大地鼓舞了全国各地青年学生，他们纷纷举行集会和游行，强烈抗议帝国主义的侵略行为和北洋军阀政府的卖国罪行，声援北京青年学生的爱国行动。东江地区的惠阳、东莞、龙川、紫金、海丰、陆丰等地学生纷纷举行游行。惠州省立第三中学学生曾来到博罗城，宣传五四爱国运动，组织大规模示威游行活动，对博罗各界群众产生很大影响。在五四运动的影响下，博罗各地逐步开展新文化宣传活动。1921年3月，博罗公庄桔子圩和獭子圩等地开始兴办新式小学。1923年，外地共产党员罗蓬岛、李甘心到博罗公庄獭子小学任教，传播新文化、新思想，组织和引导青少年学生开展爱国主义宣传活动。

　　为了进一步发展国民革命运动，奠定北伐基础，国共两党达成了讨伐陈炯明、统一全广东、建立和巩固国民革命基地的共识，并分别于1925年2月和10月进行了第一次和第二次东征。

　　国民革命军的两次东征，摧毁了陈炯明的反动势力。共产党员周恩来主政东江，为中国共产党地方组织的创建，创造了良好的政治环境。在中共广东区执行委员会的领导下，在周恩来和东征军中共产党员、共青团员的帮助下，博罗县的党、团组织开始建立。

　　1926年3月，中共惠州地方委员会（"地方委员会"简称

"地委"）安排韩耀汪，利用假期回到博罗县开展活动。韩耀汪积极宣传马克思主义和中国共产党的革命主张，在青年学生中物色培养共青团组织的发展对象，并先后吸收博罗简易师范学校学生张国航、徐春霖，博罗中学学生王德章、张翰荣、韩耀洪（韩绍兴）等人参加共青团，建立了由徐春霖任组长的共产主义青年团博罗城小组。1926年4月，广东省农民运动特派员、共产党员古柏桐到公庄开展革命活动，在知识青年中发展共青团组织。6月，古柏桐吸收骆瑜、张华、朱瀚如、吴超明等知识青年加入共青团，建立共产主义青年团公庄小组，骆瑜任组长。1927年3月，中共惠州地委派韩耀汪回到博罗城镇小学任教，以教师为掩护，开展发展党员的工作。韩耀汪与在博罗从事农民运动的共产党员温良、邓绍尧、陈少辉，在博罗中学、博罗简易师范学校读书的青年学生王德章、张翰荣、徐春霖，以及在国民党博罗县党部工作的共青团员张国航等组成中共博罗县城党团联合支部，由韩耀汪任临时书记。

工农运动的开展

1925年10月，国民革命军第二次东征取得全面胜利，收复了海陆丰，从而使海陆丰农民运动得以恢复和发展，并且有力地推动了东江地区农民运动的开展。

1926年秋，中共香港组织先后派共产党员郭华（郭敬华）、梁九、罗群等到博罗园洲开展活动。郭华、梁九在绿兰（今李屋）发展了李松参加共产党，随后在绿兰的寮仔和李屋发展了李养、李引田、李九如、李谭初、翟耀梅、李灿辉等一批共产党员。绿兰党组织建立起来后，即着手筹建农民协会（简称"农会"）。李谭初、翟耀梅参加广东农民干部培训班学习回来后，深入各乡村开展工作，号召贫苦农民组织起来，打倒土豪，减租减息。绿兰的寮仔、李屋、梁屋（包括高头尾）和毗邻的超朗等村庄迅速建立起农会。

各地农会建立后，为保护农民的利益，陆续建立农民自卫武装，打击土匪恶霸，与封建统治阶级进行一系列针锋相对的斗争。

观音阁乡吉石、南坑、棠下、沙岭等村的农会，领导农民积极开展减租减息的斗争。农会宣布废除三年以上的老债，确定最高租额和最高利率；实行当年交租付息，灾年减租减息，凶年免租缓息；确定最低谷价，防止谷贱伤农，保护农民的切身利益；反对苛捐杂税及预征钱粮。应征之钱，无论地丁粮或漕粮，均只能按实际市价缴纳，不能随意加征。防止田主任意加租吊耕、债主高利盘剥、官僚巧取豪夺、劣绅横加勒索，减轻了农民的负担。棠下村实行减租减息前，农民每年被芦洲的一个地主掠走100多担（1担=50千克，下同）租谷；实行减租减息后，全村每年可少交三四十担谷子。其他各村的农民也开展减租减息运动，减轻了农民的负担。

观音阁乡吉石等村农会积极做好自卫工作，防止反动武装的袭击，动员青壮年会员共230多人参加农民自卫军（简称"农军"）。1925年7月，驻在紫金城的陈炯明残部林海山，带领40多人到古竹征收苛捐杂税，吉石等4个村的农军积极支援古竹人民的斗争，派出许汉忠等人参加由古竹区农会组织，以黎怀先、李赤古为首的战斗小组。同时，吉石等村的农军还先后参加支援古竹区农会，驱赶欺压百姓的反动分子赖世章，打击从蓝塘前来进犯古竹沙湖、两安等村农会和掠夺民财的反动军队，捉拿国民党紫金县县长郭民发。

公庄农军也开展了反匪反霸的斗争。龙门茅岗大土匪罗卓山与桔子圩土豪大颈连平日互相勾结、鱼肉乡民，民愤极大。1926年8月，罗卓山父子数人与大颈连在桔子圩强拉民妇陪宿。公庄区农会闻讯后，集中各村农军在古柏桐的带领下，当场击毙大颈连，活捉罗匪父子并就地处决，为民除了一大害。

1926年5月，古柏桐、骆瑜等出席广东省农民协会第二次农民代表大会回来后，博罗农民运动更加蓬勃发展，在建立公庄、附城以及蓝田、显村等农会的基础上，成立了博罗县农民协会筹备会。10月，博罗县第三区农会成立后，选举骆瑜、朱坤、林见日为常务委员。农会成立后，即时对农民自卫队进行培训。

到1926年秋，公庄、附城、园洲、蓝田、观音阁等地的农民运动蓬勃开展，区、乡、村基层农会先后建立起来，农民纷纷加入农会，全县共组建2个区农会，20多个乡农会，农会会员约5000人，农军1000多人。

在农民运动蓬勃开展的同时，博罗县的工人运动也随之兴起。1926年1月11日，中华全国总工会办事处主任肖鹏魂（肖隽英）多次到博罗县开展工人运动，先后成立土木建筑、理发、车衣、油业等工会，陆续发展会员277人。在此基础上，建立了博罗县总工会，临时负责人为陈广兴。

大革命时期的博罗工人运动、农民运动，锻炼了一批有思想觉悟、有文化、有革命理想的工农运动骨干。这些工农运动骨干深深扎根于广大劳苦工农大众之中，开创了博罗工农运动的新局面。

四一二反革命政变在博罗

1927年4月12日，蒋介石公开背叛革命，在上海发动震惊中外的反革命政变，以暴力手段进行"清党"，大肆镇压共产党人和革命群众。

四一二反革命政变后的4月16日，驻惠州的国民党第十八师师长、惠州警备司令胡谦在全城实行"特别戒严"，并派大批军警包围惠阳县农会和惠州工人代表大会执行委员会办事处。与此同时，国民党反动派军警对惠州新学生社、惠阳总工会、惠阳县妇女解放协会等组织进行搜捕，还派出军警日夜巡逻戒严，封锁水陆交通，制造了充满白色恐怖的惠州"四一六"事件。

就在"四一六"事件发生的当天，前往参加中共惠州地委召开紧急会议的中共博罗城支部书记韩耀汪，刚到惠州就目睹国民党军警紧张调动的情况，当即乔装脱险赶回博罗，通知所有共产党员、共青团员迅速分散隐蔽。在国民党博罗县党部任职的共产党员张国航因来不及转移而被捕。

4月17日，胡谦派遣刘宗藩部进攻蓝田。守卫蓝坝村的农军常备队奋起反击，队员黄恩等人在战斗中牺牲。由于双方力量悬殊，农军常备队被打败，刘宗藩攻进村子，纵火焚烧民房70多间，农军骨干、自卫队员30余人被杀害。村民姚亚贤全家老幼均遭杀害，黄恩的家属5人被杀害。整个蓝坝村烈焰冲天，尸横遍野，惨不忍睹。接着，刘宗藩指挥其部冲进蓝田圩，因村民已经撤退，便下令放火烧店铺达60多间。随后，他率部窜到黄泥潭村，农会会长黄乾九带领农军常备队英勇抵抗。戴耀田、古柏桐、黎孟持闻讯即带领古竹农军前往援救。刘宗藩闻风率队逃遁。

博罗西部园洲地区的农民运动也遭到国民党右派的血腥镇压。绿兰梁屋和李屋的梁灿、梁云虎、梁大、李聚等60多名农会会员惨遭杀害。郭华等共产党员则及时分散转移，幸免于难。

四一二反革命政变后，地主、土豪、劣绅与国民党右派相勾结，派兵镇压公庄地区的农民运动。公庄地区农会常委朱坤、朱翰如被捕，骆瑜受到通缉，被迫出走香港。古柏桐奉命撤退。轰轰烈烈的公庄地区农民运动被镇压下去，走向沉寂。

由于国民党右派的疯狂镇压，大搞白色恐怖，致使博罗县的工农运动遭受严重摧残，一批共产党员和革命者被捕牺牲；部分共产党人被迫转入地下或撤往港澳和海外，工农运动陷入低潮。至此，博罗轰轰烈烈的大革命运动遭到失败。

博西农民运动的再次开展

四一二反革命政变发生后，由于国民党右派暴力镇压共产党人和革命者，在国民革命军第四军政治部任组织股股长兼前方伤兵救护委员会主任的共产党员陈志仁等人也成为国民党右派打击、镇压的对象。与共产党人有袍泽之谊的第四军代理军长黄祺翔不忍加害军中的共产党员，便密函告知陈志仁等人迅速撤离第四军。根据周恩来的指示，陈志仁几经辗转回到家乡园洲马嘶村隐蔽。此时，因国民党右派对革命人士的镇压，园洲党的组织已经解体，党员分散隐蔽，组织活动已完全停止。陈志仁回到博罗不久，几经周折才与隐蔽下来的地下党员陈坤、李引田、李九汝等取得联系，并逐步恢复党组织生活，决定重新开展农民运动，进行土地革命斗争。

1928年8月，陈志仁秘密到达香港，向广东省委汇报他在第四军中脱险后返回家乡开展活动的情况，请求布置任务，分配工作。广东省委指示陈志仁，迅速建立中共石龙市委，发动和组织工农运动，建立工农武装，开展武装斗争。陈志仁返回园洲后，立即组建了由其本人任书记的石龙市委，市委机关设在园洲绿兰寮仔村。为了配合广东各地举行的年关暴动，石龙市委根据广东省委的指示，首先进行宣传、发动群众工作，在马嘶村小学举办平民夜校作为宣传发动群众的阵地，号召农民团结国民党左派闹革命。在平民夜校，陈志仁首先讲授毛泽东《中国社会各阶级的分析》，启发农民的阶级觉悟，使他们认识地主阶级剥削农民的道理。陈志仁在《告农民书》中写道："锄头不拿起，世人皆饿死；拿起锄头来，打死狗地主。"陈志仁经常通过农会组织群众到夜校听课，教唱革命歌曲。农会编印宣传资料、传单、标语，在博西地区的东博圩、凤屯岗、上村、水口及石龙、黄家山、绿兰、陈村、沙头、湖头、龚村、龙华等地张贴散发。石龙市委组织文艺宣传队到附近田头、桔头、礼村，甚至到几十里（1里=500米，下同）外的银岗、蚬岗等地演出。银岗、蚬岗等地的农民还派出代表到马嘶村，要求派人前往指导组织农会。在马嘶村农会的协助下，这些村庄的农会也陆续组建起来。

此外，石龙市委还在马嘶村建立农民同盟会（即农民协会），由陈门广任会长、陈广润任副会长，会员有30多人。同时，在第十七小学成立了"劳动童子团"，由陈润欢、陈景文任正、副团长，团员有20多人。石龙市委提出"一切权力归农会"的主张，带领当地群众同地主豪绅作斗争，开展减租减息运动。

博西地区农民运动的兴起引起地主阶级的惊恐和仇视，马嘶村地主陈容、陈康柏等"四大天王"威逼利诱贫苦农民，并对农民发出警告：不能跟陈志仁搞革命活动。他们甚至还派人威胁陈志仁兄长，劝陈志仁不要在村中搞赤化活动。

为了打击地主阶级的嚣张气焰，石龙市委组织农民武装，建立起军事训练队，由陈润秋担任中队长，队员有40多人。他们收缴了地主的枪支，并指导儿童站岗放哨。农会成立清算委员会，公布陈容和陈康柏的罪行。军事训练队发动群众召开斗争陈容的大会，揭发控诉陈容的罪行。

1928年春，石龙市委按照广东省委的指示，策动国民党石龙驻军第五军第十三师一个团起义。为准备年关暴动，石龙市委机关从园洲寮仔村迁至石龙镇。石龙市委从农军中挑选40人组成敢死队，在国民党石龙驻军团部附近埋伏，准备接应起义部队。6月24日，当暴动即将举行时，石龙市委被破坏，陈志仁、麦金镛等被捕遇害。许多农会会员逃往外地谋生。随后，中共广东省委巡视员黎柏岳到园洲指导工作，指定李淦、朱安、陈沃组成中共石龙临时市委，市委机关仍设在园洲寮仔村。8月14日，石龙市委与东莞县委合并，由赖成基任书记。

1928年12月，东莞县委被破坏。1929年1月，东莞县委机关从莞城迁到石龙。2月，中共东莞县委常委陈日被捕遇害，东莞、石龙和园洲留下的共产党员都失去联系，党组织也因此停止了活动。至此，博罗西部沿江农民运动已完全沉寂，革命活动再度中断。

第五节 惠紫河博游击区的开辟

1928年冬，蓝璇均受广东省委的委派，由香港返回惠州，主持召开各地党组织负责人会议。会上，根据广东省委的指示，宣布正式成立中共惠（阳）紫（金）河（源）博（罗）地委，领导所属各县党务、政治、军事工作，蓝璇均任书记。

此时，博罗虽属中共惠紫河博管辖范围，但由于当地的中共组织已不复存在，革命斗争处于中断状态。

1930年11月，撤销中共惠紫河博地委，建立中共惠阳县委。为了开辟惠紫河博游击区，红军第四十九团第一营第一连改编为惠阳县青年游击队。惠阳县青年游击队活动于惠阳、紫金、河源、博罗边境地区，开展游击战争，取得了一系列战斗胜利，为惠紫河博游击区的开辟打下了基础。

1931年5月，国民党军"围剿"东江苏区，致使苏区党组织和苏维埃政府的活动受到很大限制，惠阳县委和中共东江特别委员会（"特别委员会"简称"特委"）之间的联系十分困难。7月，再次成立中共惠紫河博地委，由陈允才任书记。中共惠紫河博地委成立后，在博罗南部边区与惠阳北部地区发展党组织，使党组织在博罗南部地区的活动有了据点。但由于国民党军接连不断的"围剿"，惠紫河博地委几乎没有固定的驻地，长期流动于惠紫河博边境地区，为开辟惠紫河博游击区而进行艰苦的斗争。

1932年初，国民党军饶汉杰部伙同罗坤等地方反动武装，多次对惠紫河博游击区进行"围剿"，中共惠紫河博地委交通员5人及革命群众16人被捕遇害。

至1932年冬，在惠紫河博地委的领导下，惠紫河博游击区有了较大的发展，建立了以陈允才、叶青（刘高）、蔡步墀为委员的惠州革命委员会，同时先后建立了7个区委及1个特区委，组织了400余人的惠阳游击队和紫河游击队，还在各区组织了赤卫队。1931年7月至1932年冬，惠紫河博地委领导的游击队和赤卫队在惠阳、紫金、河源、博罗革命群众的支持下，多次组织暴动；在山区开展游击战争，牵制了国民党军进攻东江革命根据地的兵力，并在国民党统治区的腹地开辟游击区，给东江工农红军输送了大量兵员，为东江革命根据地的巩固和发展作出了积极贡献。

1933年初，国民党调集重兵在惠紫河博地区"清乡""剿共"。朱炎、古大存带领红军在紫河边境与之展开顽强的斗争，先后打退了敌人的多次进攻。因力量悬殊，部队伤亡惨重，古大存率部突出重围，带领所属部队转移到丰顺、梅县边境山区坚持斗争。到1934年初，惠紫河博乃至整个东江苏区的党组织、红军及赤卫队组织大部分被破坏，根据地陷落，中共地方组织处于解体状态，许多共产党员和革命者牺牲，幸存者大部分隐蔽，或者前往香港、南洋等地。博罗南部地区党组织活动也被迫终止，博罗的革命运动因遭受挫折而再度沉寂。

博罗人民在党的地方组织的领导下，高举武装起义大旗，实行武装割据，为农村包围城市夺取政权的革命道路的形成作出了贡献。

第三章

同仇敌忾御日军　罗浮山下红旗飘

第一节 卢沟桥事变后博罗救亡运动的兴起

一、抗日救亡运动如火如荼

1937年7月7日，日本侵略军向北平卢沟桥的中国驻军发动进攻，中国军队奋起抵抗，中华民族全面抗日战争从此拉开序幕。

为了加强党对抗日救亡运动的领导，尽快恢复、健全被破坏的党组织，重建各地党的领导机关，洛川会议后，中共中央派张文彬到广东，对广东党组织进行整顿，健全和加强广东党组织的领导。根据中共中央的指示，撤销中共南方临时工作委员会，正式成立中共南方工作委员会（简称"南委"），由张文彬任书记。

南委成立后，分别派郑重、黎孟持、潘祖岳等人到海丰、惠州、博罗、龙川、五华等地开展活动，培养进步青年，发展党员，建立党组织。

富有爱国革命传统的博罗青年，在中国共产党的领导下，于博罗城乡燃起抗日救亡的烈火，全面开展抗日救亡运动。1937年夏秋间，在广州读书的张其均、韩继元、刘庆昌等博罗爱国青年回到博罗县城，带来了"国共合作，共同抗日"的好消息。他们与博罗中学教员张绍辉、李翰琛等人议论全民抗日大事，商讨开展抗日救亡宣传活动，决定自筹经费组织救亡剧团。这一举措得到包括国民党博罗县县长黄仲榆在内的社会各界的全力支持，办团经费问题很快就解决了。接着张其均等人动员张丽娴、韩映琪、曾冠英(曾观胜)、余群英等女青年参加剧团。开始时，剧团排演的是一部大型四幕话剧《春风秋雨》。后来，依照从广州回到博罗第一小学当教员的进步青年黄金镛的建议，改演适合形势要求、能在街头和乡村演出的独幕话剧、活报剧和街头剧。剧目中的《放下你的鞭子》，演出后大受群众欢迎。这时，博罗中学学生在教员张绍辉、李翰琛的带动下，组织起宣传队，大唱救亡歌曲、办墙报、编演小型话剧，并到城内大街及响水、湖镇等圩市进行街头宣传。

1937年9月，南委派共产党员黄健、何玉麟到博罗县进行活动。黄健通过其叔父黄仲榆是博罗县县长的关系，被委任为县政府总务科科长，何玉麟被委任为县政府科员。黄健利用工作之便，很快就团结了一批爱国青年，并以公开合法形式，建立抗日救亡会、青年抗日同志会、学生抗日联合会等组织，广泛开展抗日宣传活动。

12月，南委派共产党员刘志远到博罗县开展抗日救亡工作。刘志远到博罗后，通过黄健的关系，被安排在县政府任科员。刘志远利用公开合法身份，推动成立博罗抗敌后援会，团结了一批爱国人士，支持青年学生开展抗日救亡活动。与此同时，共产党员肖剑虹（肖一平）利用县政府教育科科长的合法身份，以博罗中学为中心，以韩继元、韩映棋、黄绍辉、何国华、林树衡等进步青年为骨干，以博罗青年抗日同志会、学生抗日联合会、抗敌救援会等团体为依托，在全县开展抗日救亡宣传工作。

博罗抗敌后援会分设宣传组、组训组、救护组、总务组。宣传组设在博罗民众教育馆，由县政府建设科科长李翰琛、博罗中学教员张绍辉任正、副组长。宣传组成立后，在县城及各区通过晨呼、晚唱、街头宣传、出墙报、火炬游行、宣传画展览等形式宣传抗日。

抗日救亡宣传队每天清晨集中在县政府门前，列队起程，绕城游行一周，沿途高呼"全民抗日""全国总动员，有钱出钱、有力出力""国家兴亡，匹夫有责"等口号，高唱《长城谣》《黄河颂》等抗日救亡歌曲，使中国共产党的全民抗战方针家喻户晓。晨呼、晚唱活动坚持了一个月之久。

1938年6月，救亡剧团改名为"拓荒剧团"，同时吸收博罗中学部分学生参加，推选黄金镛任团长。拓荒剧团利用暑假期间，下乡巡回演出，几乎遍及全县，演出《放下你的鞭子》《三江好》《最后一计》等剧目。为了鼓舞国民党官兵的抗战士气，在龙华演出时，拓荒剧团还组织了军民联欢晚会。

从1937年10月到1938年8月，博罗抗敌后援会组织学校师生和各界青年组成宣传队，采用文字、口头、绘画、戏剧、歌曲等多种形式，在博罗县城及响水、平安、柏塘、杨村、显村、泰美、苏村、龙溪、长宁、澜石、福田、铁场等10多个乡进行抗日宣传活动，激起人民群众的抗日救国热情。

1938年4月18日，在广州召开中共南方工作委员会干部扩大会议，根据中共中央和长江局的指示，宣布撤销南委，选举产生以张文彬为书记的中共广东省委。

1938年冬，东江地区除个别县没有建立党组织外，党组织得到了普遍的恢复和发展，党员人数从抗战爆发前的几十人发展到了635人。

二、党组织的恢复和重建

为了尽快恢复发展党组织，中共广东省委成立后，派出一批党员干部前往全省各地发展党员，建立组织机构。1938年4月，中共广东省委宣传部部长饶彰风视察东江，组建中共东江临时工作委员会（简称"东江临工委"），以彭泰农、麦任、刘融、李秋光为委员，彭泰农任书记，领导博罗、惠阳、紫金等县的党组织。

5月，抗日战争全面爆发后博罗县第一个中共支部——博罗县城支部成立。由黄健、刘融、刘志远、刘书中、张绍球等组成，黄健任支部书记。县城支部成立后，大力进行宣传抗日救亡，号召社会各界投身到抗日救亡的行列。与此同时，积极争取国民党博罗县县长黄仲榆坚持国共合作，贯彻执行团结抗战的方针、政策。7月，在博罗县城支部的基础上，成立中共博罗特别支部，刘融任支部书记。

同年6月，刘融通过黄健的关系被安排在县政府工作，负责创办《博罗公报》，并担任主编。7—8月，《博罗公报》开始出版，先后刊登《论持久战》《论新阶段》《抗日民族统一战线》等重要文章。刘融充分利用主编的身份，组织和刊登反映当地人民积极参加抗日救亡的消息，把《博罗公报》办成宣传抗日的舆论阵地。

8月，中共广东省委交通员侯公可到博罗县黄麻陂乡中心小学任教，以教员身份作掩护，开展党的地下活动。经过充分筹备，成立黄麻陂支部，由侯公可任支部书记。

1938年10月12日，南侵广东的日军在惠阳大亚湾登陆。

为加强对东江地区抗日运动和党组织的领导，1939年2月，根据广东省委的指示，撤销中共东江临工委，建立中共东江特委。由尹林平任书记，领导博罗、连平、和平、五华、紫金、河源、兴宁、增城、龙门、新丰、海丰、陆丰等县党组织和人民的抗日斗争。

东江特委成立后，即派员分赴各县开展重建和恢复党组织工作。1939年5月中旬，中共博罗县委成立，由李健行、麦任、刘汝琛、刘融、胡展光、杨德元、杨凡组成，李健行任书记。

博罗县委成立前，刘志远在黄麻陂发展李志春参加中国共产党。李志春成为博罗县抗战期间发展的第一个中共党员。接着李志春发展陈逸民、张秉权、李招华加入党组织。博罗县委成立后，发展党员的工作进一步加快，吸收韩继元、韩景星、林道行、张励、李江（李广俊）、何长兴等一批进步青年知识分子、青年农民加入中国共产党，使中共博罗地方组织不断发展壮大。到1939年底，共成立2个区委、1个中心支部、6个支部、2个党小组，党员有100多人。

中共博罗县委的成立，标志着土地革命战争失败、党组织遭受破坏后，中共博罗地方组织重新建立起来。作为县一级党的领导机关，对博罗各级党组织的全面建立和发展起到积极的推动作用，同时也为贯彻党的全面抗战方针政策、发展人民抗日力量、开展敌后抗日游击战争提供了组织保障。

民众抗日武装的建立以及抗日民族统一战线的开展

一、博罗民众自卫武装的建立

1938年10月，日军在大亚湾登陆后，中共中央致电广东省委和八路军驻香港办事处，指示要在东江敌占区后方开辟游击区。

12月2日，惠（阳）宝（安）人民抗日游击总队在惠阳周田村正式成立。曾生任总队长，周伯明任政治委员，郑晋（郑天保）任副总队长兼参谋长，全队共100多人。

随着抗日民族统一战线不断发展，博罗的抗日自卫大队、青年杀敌大队、随军杀敌大队等群众抗日武装先后成立。

1938年秋，在共产党员侯公可、李志春的宣传发动下，黄麻陂乡组织起抗日自卫大队，队员有300多人。

10月16日，博罗城沦陷，在国民党博罗县政府任军事科科长的地下党员胡展光和刘志远、刘融等人撤退到响水，动员国民党博罗县党部书记长陈洁出面，组织了一支20多人的响水青年抗日游击队，由胡展光带领，在新作塘附近的下马石伏击日军，打响了博罗人民抗日第一枪。11月，驻博罗附城乡乌石下村的6名日军士兵到博罗城郊的仙人井村抢掠民财，开枪打死一名青年妇女。村民林运清、林戍生兄弟两人目睹日军滥杀无辜，义愤填膺，组织村民伏击日军，击毙日军5人，伤日军1人。仙人井村民抗击日军的消息很快在博罗传开，一些报刊作了报道，鼓舞了人民的抗日斗志。

1939年1月25日，驻增城的10多名日军骑兵进犯福田联和乡葫芦凼村，联和乡民众对其进行伏击，毙伤敌7人。26日晚，日军纠集大队人马夜袭该村，联和乡民众自卫团在团长赖瑞忠率领下一边迅速应战，一边组织村民转移。20多名自卫团队员乘夜据险，击退日军数次冲锋，拂晓前村民安全撤离。早晨，日军在战机、大炮、机枪的掩护下冲进葫芦凼村，大肆烧杀抢掠。此役，毙敌56人，伤敌一大批；联和乡民众自卫团队员牺牲7人，村民伤亡10多人。

1940年5月11日，驻东莞石龙的日军派出骑兵100多人将铁场滘冯屋村包围，扬言要进村抓抗日游击队员。在交涉过程中，日军开枪打死该村一名老人，村民奋起反击。冯屋村民兵、群众100多人，有轻、重机枪各1挺和步枪30多支，与装备精良的日军相比较，力量悬殊。但冯屋村民不畏强暴，据险与日军激战，打退日军数次冲锋。日军派出3架战机增援，对冯屋村进行狂轰滥炸，并用机枪扫射，最后炸毁围墙和房屋10多间，冲入村内大肆烧杀。入夜，日军撤出冯屋村。此役，冯屋村民被打死30多人，打伤20多人，损失惨重；日军则被击毙10多人。

在博罗党组织的领导下，博罗老区民众的抗日武装蓬勃发展。从日军入侵至1939年12月，博罗先后成立黄麻陂抗日自卫大队、第四战区东江游击指挥所第三游击挺进纵队独立大队、响水青年杀敌大队、联和随军杀敌大队、福田抗日自卫队、长宁水口龙抗日自卫队、桔子抗日自编第一大队、承福岗抗日自卫队、澜石抗日自卫队等民众抗日武装组织。

二、抗日民族统一战线的开展

抗战初期，博罗地方组织积极引导和组织救亡剧团、东江华侨回乡服务团和广东青年抗日先锋队（简称"抗先队"），开展声势浩大的抗日宣传活动。他们深入农村村镇，以时事座谈会、专题讲座、宣传演出、夜校、墙报等多种形式宣传抗日救亡道理，对广大青年进行民族革命和爱国主义教育，激发青年的爱国热情。在宣传发动的基础上，博罗地方组织普遍组织以青年为主体的抗日救亡团体。全县几乎所有村镇、乡村都建立了青年抗敌会、妇女抗日会、自卫队，数以万计的青年男女投身于抗日救亡洪流之中，形成了轰轰烈烈的全民抗战的局面。

抗战爆发后，博罗地方组织执行党的广泛的统一战线政策，采取既联合又斗争的形式，争取国民党博罗当局拥护国共合作，推动博罗抗日救亡运动的开展。对博罗国民党机关的争取、改造工作，首先从县政府入手。1937年秋，黄仲榆任博罗县县长，其侄子黄健在县政府任总务科科长。黄健先后安排共产党员刘志远、刘融、肖伟、胡展光等到县政府任职，以公开合法的身份开展统战工作。

1938年12月，黄健以整顿保甲为名，向黄仲榆提出建议并取得其同意，在义和圩举办历时20天的整顿保甲骨干训练班。训练班由肖侠公主持，刘志远协助。参加训练班的学员有韩继元、韩映琪、何国华、陈长颐等30多人，绝大部分是博罗县城的进步青年，也有一部分是各区、乡有爱国热情的教员和小学校长。学习内容主要是，在国共合作的形势下，如何动员群众抗日救国、保卫家乡和宣传国共合作的重要性。训练结束后，学员回到原地活动，成为当地抗日救亡运动的骨干。

为了开展博东的工作，博罗地方组织以第二区（博东）为重点，在黄健的提议下，经黄仲榆同意，成立"白皮红心"的区政府（区公署），由肖侠公任区长，刘志远兼任办事员，吸收国民党显村乡乡长欧雁棠任区员。刘志远还把地下党员张绍球、刘书中两人分别安排到公庄水东陂小学任教和附城黄田牌小学任校长。他们以学校为阵地,开展抗日救亡工作。

博罗地区的民众抗日浪潮越来越高涨,引起国民党博罗县党部书记朱伯高的关注。朱伯高大唱"主和"之调,并以拓荒剧团"男女青年混杂,应避瓜田李下之嫌"为由,妄图搞垮剧团。朱伯高利用县教育科科长孔德光、博罗中学校长林兆熊,借口学生参加军训妨碍学习,限制学生参加社会宣传活动,禁止学生夜间外出。学生积极分子韩景星、李江、谢育煦等人在社会进步青年的支持下,前往国民党博罗县政府请愿,揭发孔德光、林兆熊压制学生宣传抗日的行径,提出"抗日救亡,人人有责""大敌当前,不能困住我们死读书"等口号,要求学校当局停止压制学生的行为。国民党博罗县政府派肖剑虹接见学生代表,表示同情支持学生的要求。不久,在博罗地方组织的帮助下,经黄仲榆同意,国民党博罗县政府撤销孔德光的职务,由肖剑虹任县教育科科长,并派进步人士黄淡如到博罗中学兼国文教员。与此同时,博罗地方组织利用国民党博罗县党部改选之机,开展反对国民党顽固派的斗争。博罗地方组织通过拥护陈洁(中国同盟会会员)和被称为"青年绅士派"的陈鹏举,提出"打倒朱伯高,拥护陈洁当选"的口号,争取国民党广东省党部书记长谌小岑的支持,将朱伯高赶下台,让陈洁当选为书记长。

博罗沦陷后,从惠州撤退到博罗的东江临工委,决定争取黄仲榆留在博罗地区,以国民党的合法名义,组织群众开展游击战争。他们一方面组织民众抗日武装,另一方面派刘志远赴埔前,向黄仲榆报告日军在县城、龙溪、福田一带蹂躏百姓的暴行,协同刘融、肖伟等人动员黄仲榆返回博罗城,组织群众抗日。黄仲榆终于返回博罗城,并接受中共博罗地方组织的建议,于1938年12月把博罗县政府改组为战时临时军事政府。一个月后,博罗地方组织考虑到县政府为"战时临时军事政府"可能会引起国民党东江当局的注意，建议黄仲榆恢复原县政府的名称。

为把接近敌占区的博西地委和博东山区开辟为抗日游击根据地，中共博罗县委决定利用黄仲榆的职权去改造这些地区的国民党区、乡政权。经过争取，黄仲榆任命谭家驹为第二区区长，刘志远为第四区主办区员。地下党员李志春、徐振鹏、林道行也先后被委任为黄麻陂乡乡长、福田乡乡长和桔子乡副乡长。邹福宽、黄其清、张振环、温志平等被派到黄麻陂、福田乡公所工作。这样，博东、博西这些地区都掌握在博罗县委手里，为开展抗日救亡运动创造了良好的政治环境。博罗县委还争取黄仲榆任命爱国人士韩耀汪为博罗战时中学校长，安排地下党员刘汝琛、刘登、李游子在该校当教员，为开展党的工作取得立足点。

博罗县委在大力发展群众抗日武装的同时，还注意对伪军、顽军和土匪武装进行分化、瓦解、改造工作。1939年夏，一支活动在象头山一带以陈文博为首领的土匪武装，主动派人与博罗地方组织联系，表示愿意接受中国共产党的领导。博罗县委通过分析，从陈文博当土匪的思想动机及其成员的出身成分等方面考虑，认为他们有别于一般土匪；如果把这支土匪武装争取过来，有利于在罗浮山、桂山建立抗日游击根据地。征得中共东江特委书记尹林平的同意后，派打进国民党博罗县政府任军事科科长的胡展光负责改造陈文博部队的工作。经过胡展光的耐心争取，陈文博表示愿意接受中国共产党的领导，把队伍改造成为真正的抗日武装，并以国民党博罗县政府的名义，报请国民党惠州东江游击指挥所，改编为惠州东江游击指挥所新编独立第三大队。接着，在东江特委的支持下，从黄麻陂的新编大队、广州劳工训练班和爱国华侨团体中先后送30多名军事骨干、共产党员去加强这支队伍，这大大提高了这支队伍的政治素质，队伍很快发展到120多人，成为博罗地区重要的抗日武装力量。

1939年冬之后，博罗县出现反共逆流，陈洁顶着反共逆流的冲击和压力，始终全力支持国共合作，一致抗日。1940年4月，陈洁安排地下党员黄惊白担任国民党博罗县党部的宣传干事和组织干事。为了有利于开展抗日救亡工作，黄惊白、张觉清建议陈洁把县党部从地方狭小的徐家祠迁到学宫，开办图书馆，争取多方联系群众的机会，还以县党部的名义出版《博罗日报》，由陈洁任社长，黄惊白任副社长兼总编辑。

此外，博罗地方组织十分重视基层统一战线工作，先后争取了八围小学（现新作塘小学）校长李瑾瑜和湖镇乡乡长李桂芬的支持和合作。李瑾瑜和李桂芬不但支持地下党的抗日救亡宣传活动，而且亲自登台演出，宣传抗日。李瑾瑜还把妻子的"陪嫁牛"卖掉，将所得款项全部用于办八围战时小学和抗日活动。同时，他还经常从家里拿出钱粮接济地下党员。李健行、吴伯仲、黄慈宽、黄庄平历任中共博罗县委书记，在八围活动时，都得到过他的掩护和支持。

与此同时，博罗地方组织还在国民党驻军开展统战工作。1940—1944年，国民党独立第九旅曾先后两次驻防泰美、杨村一带，旅长华振中、副旅长吴履逊在政治上比较开明，博罗地方组织与其部上、中、下层都有所接触，与青年军官接触更多。独立第九旅排长徐荣光有爱国进步思想。1941年冬，经进步思想教育后，徐荣光毅然带领20多人，携轻机枪3挺和长、短枪20余支，冲破地方反动武装的阻截，起义部队最终由广东人民抗日游击总队接收改编。

战时工作团的成立和活动

　　为了开展抗日救亡工作，在博罗城沦陷前夕，博罗地方组织发起和组织成立博罗战时工作团，负责组织群众疏散、防避空袭，以及救护受伤群众、开展抗日救亡宣传工作。

　　博罗战时工作团成立后，立即开展救亡工作。日军飞机再次空袭博罗城，敌机多次盘旋、扫射、轰炸，群众死伤累累。战时工作团的工作人员分成三组，分赴县城的下街、西门、桥头巷、北门、上街、小东门等指挥群众疏散，抢救受伤群众，协助维持秩序。

　　1938年10月14日晚，日军逼近惠州，刘融即会同黄金镛、李翰琛、韩继元等人，把拓荒剧团的陈元瑞、刘庆昌、韩冬顺、曾豫端、韩映琪等人集中起来，协助国民党博罗县政府向山区转移。

　　16日，日军先头部队由北门进入博罗城。

　　地下党员彭泰农、麦任为了便于活动也加入博罗战时工作团。彭泰农、麦任以战时工作团团员的身份到有党组织基础的黄麻陂乡活动，配合侯公可、李志春争取黄麻陂抗日自卫大队大队长李蔚青抗日，并在青山村组织了秘密兄弟会，成为抗日的农民互助组织。

　　博罗战时工作团抵达公庄后，立即开展工作。刘志远、彭泰农、麦任等前往黄麻陂乡开展宣传、组织民众武装训练工作，并召开青年抗战救国座谈会，开办少年、儿童训练团，举办黄麻陂抗日自卫大队游击训练班。留在公庄的战时工作团成员，分别到桔子、獭子两乡与乡公所一起健全民兵组织，充实武装力量，保卫群众安全。

12月初，日军为巩固其对广州外围的占领，收缩兵力，撤出惠州、博罗。战时工作团和县政府回到博罗县城，在外逃难的博罗城民众也陆续回城。遭受日寇"三光"（烧光、杀光、抢光）政策蹂躏的博罗城面目全非，房屋大部分被烧毁，处处是残墙断壁，满目疮痍，成了废墟；而且疾病流行，饿殍遍野，惨不忍睹。战时工作团协同黄麻陂抗日自卫大队首先进入博罗城，慰问受灾群众，发放钱、粮救济民众，并协助逃难归来的民众清理街道、重整家园。随后，香港记者采访团、东江华侨回乡服务团、广东青年抗日先锋队等救亡团体也先后到达博罗城。战时工作团积极协助他们开展救灾工作，在县城、水西、上下坪、下菜园各乡村慰问群众，并送衣服、发药品和食物。

1939年冬，国民党顽固派在东江掀起反共逆流，打击进步团体，迫害进步人士。此时黄仲榆转向顽固派，认为"战时工作团被坏人利用，有危险分子，很靠不住"，遂下令解散战时工作团。

东江华侨回乡服务团的建立和"博罗队事件"始末

一、东江华侨回乡服务团在吉隆坡建立

1938年10月，惠州及东江下游地区沦陷的消息传到海外，南洋英荷两属侨胞无不义愤填膺，纷纷行动起来，开展救国救乡运动。10月30日，南洋各地的惠属侨胞在马来西亚吉隆坡惠州会馆召开南洋各埠代表大会，宣布成立南洋英荷两属惠侨救乡委员会（简称"南洋惠侨救乡会"），推举侨领黄伯才为主席，戴子良、孙荣光为副主席。

12月1日，何友逖率领南洋惠侨救乡会代表团抵达香港，与廖承志、连贯和正在香港的新四军军长叶挺等商讨救乡计划。12月中旬，在中共东南特委的主持下，召开有南洋惠侨救乡会、香港惠阳青年会、余闲乐社和海陆丰同乡会代表参加的会议。会议决定成立东江华侨回乡服务团（简称"东团"）。

东团总部委员会成立后，以南洋惠侨救乡会回乡服务团成员为骨干，香港惠阳青年会、余闲乐社和海陆丰青年同乡救亡工作团为基础，于当年11月底次第组成各县服务团。1939年1月，东团在惠阳淡水正式宣布成立，团长叶锋，副团长刘宣。主要任务是进行宣传发动工作，动员人民抗战；发动群众，组织农民武装；协助地方党组织，壮大和发展进步力量，巩固抗日民族统一战线。东团先后组建了7个团和2个队。

随后，东团第三分团成立，由梁永思任团长，杨德元任副团长。东团第三分团成员在惠州学习一个星期后，来到博罗、增城两县，开展抗日救亡的救济、宣传和组织工作。随后来到博罗、增城的还有马来西亚、新加坡等南洋爱国知名人士资助组成的"两才队""文森队""吉隆坡队"。

东团第三分团到达博罗后，与广东青年抗日先锋队东江区队和博罗战时工作团组成"联合司令部"，以合法的身份，统一开展博罗县的抗日救亡工作。

1939年3—4月，东团总部从淡水迁到惠州，东江特委以东团的名义，在博罗黄麻陂举办了近两个月的东团青年干部培训班。培训班采用理论联系实际的教学方法，向学员传授马克思列宁主义和党的基本知识。中共东江特委书记尹林平、宣传部部长饶璜湘讲授党的基础知识等课程。

东团青年干部培训班为东团培训了一批领导干部，充实和加强了东江地方组织的力量，进一步推动了东江地区抗日救亡运动的深入持久开展。与此同时，在东江特委的领导下，东团的活动得到广大人民的大力支持，爱国青年踊跃参加，队伍不断发展壮大，人数迅速增加到500多人，活动范围遍及博罗、惠阳等13个县。东团的建立及其活动，有力地推动和配合了东江地区的抗日救亡运动的开展。

东团的不断壮大，引起了国民党东江当局的恐惧和不满。为限制东团活动，进而掌握东团的指挥权，国民党第四战区东江游击指挥所主任香翰屏于1939年9月电邀南洋惠属侨领黄伯才、叶淡波回惠阳，企图利用侨领的影响和压力，达到控制东团的目的。此时，东江特委决定将东团内的"分团"改名为"队"，并将缩减的人员编入抗日游击队。在博罗活动的第三分团改为"博罗队"。东团原有500多人，缩编后对外称减到150人，实际上仍有246人。东团的基本力量仍然保留下来，并且成为当地的骨干力量，从而挫败了国民党东江当局企图掌握控制东团的阴谋。

为了唤醒群众奋起救国，东团博罗队奔赴全县各地向群众大力宣传抗日救亡，活动范围从博罗县城向附近农村逐步扩展到罗浮山周围的长宁、澜石、杨田、新作塘、响水等地，并在这些地区建立青年读书会、青年抗日同志会、抗日妇女会、抗日姐妹会和抗日先锋队等多种群众组织。

1939年1月，国民党五届五中全会制定"溶共""防共""限共""反共"的反动方针。国民党内的顽固派很快在全国各地掀起反共逆流。1939年夏，国民党广东当局把矛头对准在抗战中表现出色的博罗抗先队，强迫抗先队队员加入国民党，企图以此控制抗先队的活动和发展。1940年4月，国民党广东当局宣布解散抗先队，扬言要以"非常手段"对付抗先队的个别主要负责人。此时，抗先队在东江地区的活动受到阻挠和限制。顽固派分子故意制造事端，罗列罪名，造谣中伤，声称要通缉抗先队的主要成员，查封抗先队的办事处。为避免抗先队遭受迫害，东江特委指示抗先队队员、青年抗日同志会队员分散到各乡村活动，保存力量。部分抗先队干部，如谭家驹等，由党组织安排参加抗日武装部队。

二、"博罗队事件"始末

国民党东江当局在下令解散抗先队的同时，也加紧对东团进行迫害。他们捏造东团博罗队"勾结土匪，密谋暴动"的罪名，迫害博罗队，制造了震惊中外的"博罗队事件"。

1939年底，香港商人郑国有的侄子在博罗县被土匪绑架。县政府于1940年1月逮捕了3名嫌疑人。这时，国民党博罗当局散布谣言，说绑架郑国有之侄是共产党所为，并造谣说"共产党在博罗勾结土匪，扰乱社会治安，阴谋暴动，聚众劫狱"，为迫害博罗队制造社会舆论和借口。

面对国民党顽固派掀起的反共逆流，中共东江特委书记尹林平在1939年底召开东江特委扩大会议，根据中共中央的指示，作出了反击逆流斗争的部署，提醒各地党组织提高警惕，做好充分准备，与国民党顽固派进行有理、有利、有节的斗争。

1940年1月31日，中共博罗县委在八围小学召开会议，传达东江特委扩大会议精神。会议刚刚开始，就接到国民党东江当局企图以"勾结土匪，阴谋暴动劫狱"为由，派员围捕博罗队的情报。这一情报，是打入国民党第四战区上校参谋、共产党员张敬人到东江游击指挥所检查工作时获悉的。接此情报后，博罗县委立即作出四项决定：（1）立即停止会议，所有与会人员返回原岗位，保持镇静，不露声色，准备斗争；（2）销毁会议文件资料；（3）如遭围捕，凡共产党员不得暴露政治身份；（4）排查内奸可疑分子，一经发现，立即报告县委，并采取应变措施。博罗县委认为，东团虽是合法的群众团体，但如果处置不当，将会影响整个东团。因中共博罗县委扩大会议提前结束，国民党博罗当局企图将县委全体成员一网打尽的阴谋落空。31日晚，黄仲榆率队连夜扑向响水圩。在博罗响水分部的刘汝琛、杨步滔、郑重等人被捕，遭严刑拷打和审讯。2月1日，黄仲榆又率队前往新作塘，逮捕了黄庄兰等人。当日，国民党博罗当局派兵包围博罗队队部慎园，杨德元等3人被捕。随后，在长宁、澜石、公庄活动的博罗队队员也相继被捕。中共博罗县委书记李健行得知博罗队队员相继被捕后，不顾个人安危，挺身而出，前往新作塘斥责黄仲榆迫害爱国华侨的罪恶行径。黄仲榆恼羞成怒，下令将李健行逮捕。这时，除了魏凌冲、林雪霏等人外，博罗队队员李健行、杨德元、杨凡、杨步尧、魏治平、沈浮等23人被捕。这就是震惊海内外的东团"博罗队事件"。

1940年4月，国民党广东当局下令解散东团；5月13日，派出军警强行查封东团在惠州的团部"荔晴园"，逮捕东团"两才队"队长黄志强和颜金榜、严英、陈显，"吉隆坡队"副队长陈现和陈剑雄、丘觉民等11人；明令通缉东团团长叶锋。

博罗队被捕队员被押送到韶关芙蓉山监狱后，成立了由李健行、杨德元、刘汝琛、杨凡、杨步尧5人组成的中共临时支部，以李健行为书记，作为领导狱中斗争的核心。被捕的博罗队队员虽在狱中，但充满了革命乐观主义精神，坚持向狱友和看守人员进行抗日救亡宣传工作，教育、分化国民党看守宪兵。经过宣传教育，狱卒受到感动，给被捕人员增加放风时间。博罗队在狱中开展宣传活动和集体学习，狱卒也不再干涉。从此，狱中响起了博罗队队员嘹亮的抗日歌声，牢内贴满了抗日标语和漫画。

"博罗队事件"发生后，前往香港向东团总部汇报工作的叶锋立即向南洋惠侨救乡会报告了这一消息，同时以东团总团的名义向国内外发出通电，将国民党东江当局迫害东团博罗队的罪行公之于世，强烈谴责国民党顽固派迫害华侨爱国行动的罪恶行径，呼吁各界起来营救被捕的博罗队全体队员。南洋惠侨救乡会接获消息后，立即致电国民党第四战区东江游击所主任香翰屏，要求立即无条件释放被捕的博罗队全体队员。

1940年2月20日，叶锋在香港思濠酒家举行记者招待会，向到会的香港各宣传媒体和记者团代表，通报博罗队无端被捕的经过，要求保障爱国华侨抗日救国权利，呼吁社会各界声援被捕的博罗队队员。2月22日，香港各界社团召开联席会议，为营救博罗队采取行动，并以"香港侨团援助东江华侨回乡服务团博罗队被捕队员联席会议"的名义，呈请国民党当局从速释放被捕人员。2月25日，叶锋回到惠州，与"吉隆坡队"队员黄义芳、

"两才队"队长黄志强和"文森队"队员欧巾雄一起，邀请爱国民主人士张友仁一同前往东江游击指挥所，与香翰屏交涉，要求立即释放博罗队23名队员。香翰屏以无权处理为由，拒绝放人。

南洋惠侨救乡会闻讯，立即致电时任国民党第四战区司令长官余汉谋，同时直接致电重庆国民党政府国民参政会，要求保障华侨抗日救国自由，立即释放博罗队被捕人员。中共广东省委先后派人与国民党当局交涉，提出严正抗议，大力组织营救工作。周恩来、董必武致电国民党政府，要求释放被捕人员。4月，为了营救被捕人员，叶锋与南洋惠侨救乡会派来的官文森、梁英、钟醇生共同商议营救对策，决定由官文森出面请宋庆龄、何香凝予以声援；同时会见国民党中央海外部部长吴铁城，与其进行交涉。在南洋华侨总会、南洋惠侨救乡会等爱国华侨团体和著名侨领陈嘉庚、黄伯才等的呼吁下，著名爱国人士张澜、黄炎培、史良、邹韬奋等23人在国民参政会上提交《关于关押东江华侨回乡服务团问题》的第49号提案，要求无条件释放被捕的东团团员。这一提案引起了参政会和各界人士的高度关注，争取了社会各界人士的同情、支持和声援，为营救工作的进行创造了有利条件。为使营救工作尽快开展，叶锋与八路军驻香港办事处负责人连贯商议，决定组成一个代表团专程前往韶关，负责营救的具体事宜。

5月中旬，中共东江特委和东团总部以南洋惠侨救乡会的名义，由黄炜然、钟育民、吴逸民组成三人代表团前往韶关，专事营救工作。他们带着何香凝给国民党第二集团军司令长官余汉谋、第二集团军政治部主任李熙寰、中将参谋长张文、第四战区军法总监李章达的信抵达韶关，与国民党当局余汉谋、李汉魂、李熙寰、张文、李章达等进行交涉和接触。同时，中共广东省委指示《新华南》杂志社地下党领导人谭天度、李筱峰等争取了李章达等国民党进步人士的支持。营救小组在广东省委的领导下，经过多方交涉和斡旋，终于使被捕的博罗队队员先后于7月20日和27日全部获救出狱。随后，在惠州被捕的东团"两才队""吉隆坡队""惠阳队"队员也在社会舆论的压力和南洋惠侨救乡会的营救下，全部获得释放。博罗队事件的胜利解决，挫败了国民党顽固派企图消灭东江人民抗日力量、破坏团结抗战、掀起反共逆流的罪恶阴谋。

三、地方党组织的调整与壮大

1940年7月，中共东江前东特别委员会（简称"前东特委"）正式成立，由尹林平、黄宇、陈祥、张持平、余慧等组成，尹林平任书记。前东特委领导惠阳、东莞、宝安、博罗、海丰、陆丰、增城、龙门等县的党组织。8月，前东特委派吴伯仲到博罗接管党的领导工作，随后成立中共博罗临时工作委员会，由吴伯仲、陈哲、韩继元组成，吴伯仲任书记，增龙博中心县委辖下。博罗临时工作委员会下辖博东区委、水口龙小组、八围支部，同时负责联系国民党第十二集团军东区服务队中共支部。12月，根据前东特委的指示，再次建立中共博罗县委，由吴伯仲、邓少华、韩继元组成，吴伯仲任书记。

"博罗队事件"发生后，前东特委强调，在博罗必须继续发展党的组织，建立巩固党的力量基础。根据前东特委的指示精神，博罗县委将主要精力放在发展、巩固党的组织，壮大党的力量上。在博东地区，党的组织发展较快。1941年，先后在黄麻陂、柏塘、石坝、显村等地吸收了一批党员。至1942年夏初，分别建立了公庄区委、黄麻陂区委、博东中心区委。整个博东地区共发展70余名党员。在博西地区，博罗县委利用国民党第十集团军东江服务队的合法身份，以东区服务队的中共支部为骨干力量，发展党员，扩大党的队伍。至1942年6月，先后建立了博东中心区委、博西区委、黄麻陂区委等。全县党员发展到170多人。

1941年，国民党顽固派在全国掀起第二次反共逆流，反共事件接连发生，广东中共组织的活动，特别是国民党统治区的中共组织活动十分困难和危险。1942年5月20日，南委组织部部长郭潜在曲江被捕叛变，带领国民党特务逮捕了粤北省委书记李大林、组织部部长饶卫华和廖承志、张文彬，以及南委宣传部部长涂振波。这就是震惊全国的"粤北事件"和"南委事件"。

事件发生后，国民党统治区的中共组织全面贯彻执行中共中央南方局"隐蔽精干，长期埋伏，积蓄力量，以待时机"的十六字方针，并根据广东省临委决定，国民党统治区的中共组织撤销委员会制，改为特派员制，在博罗县设特派员，采取单线联系。前东特委委任黄慈宽为增龙博特派员兼博罗县特派员。博罗县党组织根据中共中央指示，坚持巩固发展，稳扎稳打的组织工作方针，使党组织在艰苦困难时期仍然获得稳步发展壮大：全县建立起18个中共支部，党员发展到203人。

茹屋保卫战的胜利和游击基地的巩固

一、茹屋保卫战

1944年3—4月，东纵独立第二大队取得铁场和上下南保卫战的胜利，并在上下南建立税站、交通站，与铁东大队活动的企石据点沟通联系，为东江南北两岸部队协同作战创造了条件。

石湾镇的茹屋村，全村100多户、500多人。抗战期间，茹屋村时常遭受李潮伪军"抗红义勇军"的敲诈勒索，村民生活在水深火热之中，经过游击队的宣传发动，村民逐步觉醒起来。茹屋村民主动邀请游击队指导军事训练，拿起枪杆，保卫家乡，保护自身的利益。茹屋村民兵还配合部队到园洲、九潭、梅村等地打击日伪军，军民建立了血肉情谊。

1944年3月下旬，李潮派人到茹屋村"敲竹杠"，要茹屋村无偿上缴10余万元现款，并扬言倘若拒缴，则铲平茹屋村，气焰极为嚣张。

对于这一无理要挟，村民当然不会答应；但眼前敌我力量悬殊，他们自然想到了游击队。东纵独立第二大队大队长阮海天和政治委员李筱峰闻讯后，即率队化装成老百姓，进入茹屋村，准备和村民一起对付敌人。但由于部队要执行新的任务，只留下一个小队担任警戒，主力返回驻地。

李潮得知东纵独立第二大队的主力撤离茹屋村后，便趁机勾结驻石龙的日军准备洗劫茹屋村。

4月3日下午1时起，正在田里劳动的茹屋村民发现以伪军为前导的200多名荷枪实弹的日军，从源头圩旧址直朝茹屋村扑来，便立即跑回村里向东纵独立第二大队留守人员报告。东纵独立第二大队留下的民运干事黄宝珍、小队长梁其彪等指挥15名战士和130多名民兵迅速登上西一、东二、南三、新四、西五、北六、南七、泥楼8个碉楼和东、西、南3个大门的门楼，严阵以待。

顷刻间，日伪军把茹屋村包围起来，日军指挥官带领20多名日军气势汹汹地从茹屋村东面发起攻击。临近东二碉楼时，大声地叫嚷："快开门，皇军要进村抓红军！要不就开枪、开炮啦！"守卫在东二碉楼的岑胡初、茹容进等镇定自若。当日军冲到碉楼跟前的时候，他们才不慌不忙地扔了几颗手榴弹。虽未爆炸，但日军却被几个"哑弹"吓退了二三十米，躲在一个鱼塘的低洼处。

过了片刻，日军见东二碉楼有人防守，于是朝东大门冲去。游击队和民兵们用1挺机枪、3支步枪扼守这个大门。日军步步逼近，冲向大门，举刀砍掉鹿寨，接着乱撞大门，妄图破门而入。游击队当即指挥民兵射击，守在门楼上的民兵一枪击毙日军指挥官，其余日军见指挥官被打死，连忙退到20米开外的小高点。守护在东大门的民兵在火力掩护下冲了出来，缴获了一支步枪和一把东洋剑。

茹屋战斗打响后，阮海天、李筱峰闻讯率50多人赶来增援。当增援部队进入铁场与茹屋村之间的一片开阔地时，被敌人发现，遭到敌人炮火猛烈阻击，只好撤退。

晚上，日军采取报复性行动，用迫击炮进行一轮轰击后，继用轻、重机枪猛烈扫射东二碉楼。东纵独立第二大队和民兵集中两挺机枪和一批步枪与敌人展开拉锯战，一直战斗了4个多小时。茹屋村军民凭居高临下的优势和有利地形，打退了敌人的多次进攻。

战斗一直持续到4日下午。

经敌军两天一夜的枪击炮轰，茹屋村的8个碉楼已千疮百孔，但游击队和民兵仍然以顽强的意志，继续与敌人进行激烈战斗。

入夜，游击队趁敌人麻痹之时设法与东纵独立第二大队取得联系。子夜时分，留守村内的战斗人员兵分两路，一部分坚守阵地，一部分再次掩护群众突围。在东纵独立第二大队主力的接应下，仅用半个小时，村里凡是能走动的老弱妇孺等非战斗人员都已安全撤走。

5日凌晨，日军获悉只是村民撤退了，而游击队和民兵还守在村内，便继续开炮轰击和开枪射击。在东纵独立第二大队主力的掩护下，村内10多名游击队员和130多名民兵乘机突围，撤出战斗，完全转移。

天亮时，日军又派两架飞机轰炸茹屋村，所有碉堡、工事都被炸毁，日军如狼似虎地冲进村里，洗劫财物，几乎把所有的民房烧光，20多位病残老弱者全遭杀害。

茹屋之战，在敌人数倍于己的情况下，茹屋军民击退了日伪军的多次进攻，共击毙日伪少佐以下70多人，伤敌一批，茹屋村民和游击队都遭到不同程度的损失。

茹屋之战，"战"出了老区群众的威风，"战"出了老区群众的斗志！老区群众为保卫家园，同仇敌忾、不怕牺牲的革命精神，极大地鼓舞了增龙博地区抗日军民的斗志。

二、巩固游击基地

1944年冬，东江党组织开始全面恢复工作。博罗党组织通过整风运动学习，增强了党性，加强了团结，纯洁了队伍，提高了党组织的战斗力，使党组织在抗日战争中真正起到先锋队和中流砥柱的作用。

　　整风学习结束后，东江党组织活动的恢复工作立即进行。1945年1月，根据广东省临委的指示，恢复博罗县委，并恢复、建立县以下各级党组织。县委成立初期，只配备县委书记、组织部部长和宣传部部长。7月，博罗县抗日民主政府成立后，增设了统战部。同年冬，为适应对国民党进行自卫斗争的需要，增设了军事部。县委机关驻地先设于长宁松树岗大江村，后迁往横河何家田、河肚等地。全县党员共发展到220多人。

　　1945年2—3月，博罗大部分地区已经解放，转入抗日民主政权建设时期。7月，成立博罗县农民抗日救国会（简称"农抗会"），会长游遇春。

　　1944年冬，东江纵队派出部队进入增龙博地区活动后，博罗县委即派女共产党员杜娟到罗浮山区长宁乡任长宁乡总支部书记。杜娟进入长宁后，以教师身份作掩护开展活动，发动群众，配合部队建立民主政权，贯彻减租减息政策，动员群众拥政参军。通过一段时间的工作，发展了一批党员，其中女共产党员有叶长妹、曾好、曾娇、徐凤、毛元英、朱秀兰、朱欢、朱月香等10多人。

以罗浮山为中心的抗日根据地的形成以及
抗日民主政权的建立

一、以罗浮山为中心的抗日根据地的形成

为了加强向北发展，开辟罗浮山抗日根据地，1945年1月，中共广东省临委决定将领导机关迁至罗浮山，同时派出两支部队进入江北开展武装斗争。同时，中共广东省临委作出《关于开展广东工作的决定》。中共中央完全同意该决定中所作出的战略部署。根据中共广东省临委的决定，1月下旬，王作尧带领东江第三支队第五大队在东江南岸活动，为东江纵队领导机关和主力部队横渡东江，进入罗浮山作准备。

2月，王作尧、杨康华率领江北支队、西北支队及第五支队进入罗浮山以南的长宁、横河一带。3月，第三支队和第五支队渡过东江，进入博罗后，会同第四支队和独立第三大队、增龙博独立大队，在罗浮山地区展开一系列的战斗行动，肃清敌伪势力，拔除敌伪据点，扩展以罗浮山为中心的抗日根据地。

3月，经过几个月的战斗行动，全面打开了博罗的局面，东江南北两岸解放区连成一片，以罗浮山为中心的抗日根据地初步形成。5月，广东省临委、东江军政委员会以及东江纵队司令部、政治部、后勤部机关先后进入罗浮山根据地。其中司令部设在冲虚古观，政治部设在白鹤观，军政干校军训队设在长宁澜石一带，青年训练班设在长宁石下屯，前进报社开始设在徐福田三

星书屋，后迁到罗浮山朝元洞。从此，罗浮山地区成为东江乃至广东全省抗日作战的指挥中心。

二、抗日民主政权的建立

1945年3月，东纵第五支队和第三支队主力横渡东江，开进博罗地区，打击敌人，收复失地，巩固和扩大解放区。以罗浮山为中心的解放区有长宁、福田、澜石、横河等地，解放区人口约14万人。已经解放的乡村政权已普遍建立起来，亟须建立县、区政府，以推进解放区工作。

6月15日，东江纵队政治部在罗浮山白鹤观召开增城、龙门、博罗各界人士参加的国事座谈会。到会代表共有80多人。会上，东江纵队政治部主任杨康华按照中共中央建立县、区民主政权应召开参议会、进行民主选举的指示精神，代表政治部提名韩继元为博罗县县长，并经过民主协商确认。会议一致同意现阶段是过渡时期，各乡民主政权及群众团体健全后，即由普选方式产生民选的参议会及行政委员会。在这一过渡时期内，则由部队聘请各界名流组成县政府委员会，以决定县政方针及监督行政。

7月，通过各阶层代表民主协商，选举成立博罗县抗日民主政府。博罗各界在东宁乡（今长宁平埔岭）举行庆祝"七一"中国共产党诞生24周年和全面抗战8周年纪念暨博罗县抗日民主政府县长宣誓就职典礼大会。参加大会的有东宁、福田、东博、龙溪、龙华、联安、义和、石角、澜石、四联、郭石等村的武装民兵1500多人和当地群众5000多人。博罗县县长韩继元检阅了民兵队伍。博罗县抗日民主政府设在湖镇凤安围。博罗县抗日民主政府下设区、乡、村政权。区设区长，乡设乡长，村设村长和村委会委员若干人。

三、罗浮山会议的召开和"三棵松"战斗

1945年4月23日至6月11日，中国共产党在延安召开第七次全国代表大会。

为了贯彻中国共产党第七次全国代表大会和中共中央关于华南战略方针的指示精神，创造强大而稳固的抗日根据地，成立新的统一的广东党组织的领导机关，7月6日至22日，广东省临委在博罗县罗浮山冲虚古观召开干部扩大会议。出席会议的有广东省临委委员，各地特委委员、各部队负责人，以及东江纵队各支队代表，共30多人。会议由中共广东省临委书记、东江军政委员会主任尹林平主持。

为确保罗浮山会议顺利进行，由王作尧、杨康华率领东纵第三支队和第五支队一部，攻打博罗公庄，重创企图进犯罗浮山的国民党顽军，解放了公庄桔子和獭子圩。接着第三支队一部乘胜追击，在杨梅水歼灭梁桂平部一个大队。其后，国民党顽军独立第九旅一个团及地方反动武装1000余人进行反扑，重占公庄并企图向柏塘进攻，严重威胁罗浮山会议的安全。为此，第三支队奉命展开柏塘保卫战。第三支队支队长彭沃率领所部，在大岗岭、鸡麻岭和观音山一带布防。第三支队第一大队担任第一线的防御任务，在左从"三棵松"右至"独立松"一线制高点挖战壕据守。第一大队第一中队的一个小队28人在小队长冼根、政治服务员丁顺的带领下，坚守"三棵松"。

国民党军独立第九旅和地方团队共1000多人，兵分两路进犯柏塘：一路从杨村新前、合水方向攻打东纵一线正面阵地，受到守军的迎头痛击，始终无法突破；另一路正规军一个团从公庄抄山路奔袭东纵一线左翼阵地制高点"三棵松"。

上午9时许，布阵于"三棵松"的冼根小队哨兵温发报告，

阵地西北面的油茶山、档靶山和摩梳坑山先后发现敌人行踪。冼根命令哨兵继续监视敌人，全体战士3个班28人分成8个战斗小组，进入阵地准备战斗。

顽军占据"三棵松"阵地对面的油茶山、档靶山和摩梳坑山，对冼根小队阵地形成半月形的包围。油茶山顺着山窝与"三棵松"相连，档靶山和摩梳坑山与冼根小队阵地对峙，中间只有一条小山沟和一片狭长的稻田。

不久，哨兵观察报告：敌人逐渐向我方阵地逼近。冼根命令说："沉住气，等敌人再逼近一些再狠狠地打！"

顽军依仗人多势众，装备精良，从油茶山沿着山窝向冼根小队直扑过来。战士们一个个沉住气，紧盯着逐渐逼近阵地的顽军。当顽军逼近约100米之内时，冼根一声令下："打！"顿时，机枪、冲锋枪一起怒吼，枪弹密集地射向敌群。顽军的第一次进攻被冼根小队击退。

此时，离"三棵松"阵地2000多米的观音山下，第一大队正在进行紧急集合，准备增援坚守在"三棵松"阵地的冼根小队。第一中队副队长陈苏奉命带领一个小队增援"三棵松"，从"三棵松"两侧山边迂回接近顽军阵地。顽军发现陈苏率领的增援部队时，立即调集迫击炮和轻机枪，组成火力封锁线，堵截增援部队。增援部队使用的都是轻武器，经过两次冲锋都没能突破顽军的火力封锁线，无法增援"三棵松"阵地。

在"三棵松"阵地上，冼根小队先后六七次打退了敌人的进攻。战斗到下午1时，政治服务员丁顺、机枪手吴暖和两名战士相继牺牲。时值盛夏，战士们喉干舌燥，咽喉里简直要冒出烟来。尽管处境险恶，形势严峻，但战士们依然斗志昂扬，时刻准备粉碎敌人的新一轮进攻。

在"三棵松"战斗中，东纵一个小队28人，以1挺机枪、2支冲锋枪、22支步枪的装备，连续战斗近6个小时，牺牲25人，阻击国民党军独立第九旅一个团和地方团队共1000多人的兵力，使第三支队主力部队赢得了战机，确保罗浮山会议的顺利进行。

第七节 抗日战争的胜利

1945年8月，中国抗日战争进入战略反攻阶段。

东江纵队各支队、大队遵照中共广东区委员会（通称"广东区党委"）司令部的命令，立即进行紧急动员，集结主力，全线出击，向东江两岸、广九铁路、广汕公路两侧沿途的敌伪据点推进。

8月20日，东纵第三支队在响水召开军民大会，发动响水民兵600多人，配合东纵第三支队准备攻打博罗城。由于日伪军拒绝投降，东纵对其进行攻击，不料驻惠州日伪军急派援兵800多人增援博罗城守敌，东纵因寡不敌众而撤出战斗。

8月15日，日本宣布无条件投降。9月2日，日本正式签字投降。中国的抗日战争胜利结束。

在艰苦卓绝的十四年抗战中，中共博罗地方组织经历了国家和民族生死存亡的严峻考验，不畏强敌，不怕牺牲，使组织不断发展壮大，成为带领博罗人民坚持敌后抗日游击战争的坚强领导核心。博罗党组织在抗战中得到恢复和发展，党员人数从1938年初的8人，发展到抗战胜利时的280多人，并成立了中共博罗县委。博罗成为东江抗日根据地的重要组成部分。抗战后期，广东区党委、东江纵队指挥机关驻在罗浮山，使罗浮山成为广东党组织和敌后游击战争的指挥中心。

博罗老区人民发扬土地革命战争时期不怕牺牲、顽强奋斗的革命精神，积极配合主力部队、游击队与日本侵略军、国民党顽固派军队进行不屈不挠的斗争，作出了重大贡献和牺牲，与全国人民一道迎来了抗战的伟大胜利！

4

第四章

博罗城头曙光现　筚路蓝缕庆翻身

争取和平民主与坚持自卫斗争

1945年9月2日，日本正式签署投降书，中国抗日战争胜利结束。

由于东江地区，尤其是惠阳、东莞、宝安、博罗等地，既是广东党组织领导机关的所在地，又是东江人民抗日武装主力东江纵队开展敌后游击战的主要根据地，国民党广东当局一直将包括博罗解放区在内的东江解放区作为军事进攻的重点。

一、江北地区的反"清剿"斗争

在日本投降的当天，国民党统治集团就迫不及待地点燃起内战的战火。国民党军队立即向以罗浮山为中心的江北抗日根据地发起进攻。国民党军第一五三师、独立第二十旅、保安第十团，以及增城、博罗地方反动武装，纠集伪军李潮部向东江地区江北解放区进攻，先后占领了博罗的柏塘、响水、澜石、横河、龙华、福田、长宁等地，以及占据东江南北两岸和周边地区，完全形成了对以罗浮山为中心的江北抗日根据地的包围态势。

10月20日，国民党广东军事当局在广州召开粤桂两省"绥靖"会议，部署对广东解放区的全面进攻，扬言在两个月内"肃清"人民武装。

从11月开始，国民党广东军事当局两次调集重兵，对江北地区反复"清剿"。东江纵队第四支队突出包围圈，转移到增城地区，坚持分散斗争。同时，派出武工队向龙门南昆山开辟新的活动基地。

12月，国民党军第一五三师、保安第十团和梁桂平支队，开始向博罗地区发动"清剿"。江北特委根据广东区党委的指示，分散活动，避敌锋芒，部队以连排为单位，进入何坑头、陈禾洞、何家田一带活动。12月下旬，国民党第六十三军一个团从公庄利山奔袭驻桂山的东纵江北部队，中共桂山临工委除留下杨汉有中队、陈汉中队在原地坚持斗争外，饶璜湘、罗章友则率领殷东生中队和解放大队撤出桂山地区，从泰美经惠阳芦洲转移到紫金古竹一带活动，使国民党的"进剿"部队扑空。

1946年1月，中共代表与国民党政府代表签署停战协定后，国民党广东军事当局置之不理，仍然按照原定计划连续不断地对人民武装采取军事行动。国民党军第一五三师、保安第十团和梁桂平支队等部队继续进犯博罗解放区，企图切断东纵江北部队与江南部队的联系，以实现其分区"清剿"、各个击破的阴谋。活动在博罗境内的东纵所部分别化整为零，突破国民党军队的包围圈，尽可能避免与强敌作战，伺机消灭地方反动武装，摧毁反动区、乡政权，在新的环境中站稳脚跟，开辟新的斗争基地。

由于国民党军对江北地区进行反复"清剿"，为了摆脱困境，江北指挥部政治部主任饶璜湘于1946年3月率领两个中队100余人的兵力，编入独立营建制，转移到河东，随后独立营在东进指挥部的直接指挥下，先后打退了国民党军的数次进攻，保存了实力，直至东江纵队主力北撤。

二、东江纵队主力北撤后隐蔽待机方针的贯彻

1945年10月10日，中国共产党代表团在重庆与国民党政府代表签署了《政府与中共代表会谈纪要》（即《双十协定》）。中

国共产党在不损害人民根本利益的前提下作出让步，同意让出广东等8个解放区，并将8个解放区的抗日部队逐步撤退到陇海铁路以北及苏北、皖北解放区。根据《双十协定》，中共中央指示东江纵队等广东人民抗日武装准备北撤。

1946年6月30日凌晨，东江纵队北撤部队的全体指战员，在曾生、王作尧、林锵云、杨康华的率领下，分别乘坐美军的3艘登陆舰起航北撤。

由于东江纵队主力北撤山东，留下的武装人员大部分复员，党组织实行特派员制，党组织活动全面停止，相当一部分已经暴露身份的党员干部进行分散隐蔽，革命力量骤然缩小。博罗地方组织和人民武装队伍进入艰难的隐蔽时期。

8月，国民党广东当局在惠州设立东江南岸"绥靖"指挥部，以广东省保卫副司令韦镇福为主任。博罗县也成立了"绥靖"委员会。为达到其"限期"的目的，国民党广东军事当局调集4个旅和8个保安团的全部兵力，对东江纵队活动地区进行残酷的"扫荡"。国民党进占博罗各地后，一方面抓丁拉夫，进行壮丁训练，强迫各地成立"自卫队"，加强地方反动势力；另一方面疯狂迫害东江纵队复员人员和家属，强迫参加过抗日救亡各项工作的群众登记"自新"，大肆搜捕和屠杀人民群众，制造白色恐怖。博罗县的东江纵队复员人员、地下党员、民兵干部、农会会员和进步青年受到残酷的迫害，许多复员人员有家不能归，有亲不能投，逃亡他乡，流浪度日；有的甚至被捕遇害，家破人亡。

面对这一严峻斗争形势，中共广东区党委以东江纵队北撤人员曾生、王作尧、杨康华、林锵云等人的名义发表通电，对国民党当局迫害东江纵队复员人员的罪行表示极大的愤慨，号召复员战士和人民群众"采取同一步骤，严肃自卫，人不犯我，断不犯人，人若犯我，迫我至绝境，自不能束手待毙"，应坚决起来自卫。

从此，隐蔽在博罗各地的共产党员和武装小分队响应广东区党委的号召，以人民自卫武装的名义进行公开活动，英勇地进行自卫斗争。

10月底，黄柏、黄干、霍锡鸿前往香港向广东区党委汇报工作回来后，根据广东区党委的指示，经过活动联系一批东江纵队北撤时的复员人员归队，并发动了200余名群众，组织"东江人民饥饿救济团"，推举观音阁的洪门头领王铭枢当团长，以群众团体的名义开展活动。东江人民饥饿救济团在东江流域一带通过袭击国民党官员的商船或走私船，缴获枪支、弹药及各种物品，补充了部队的给养和武器。在鳌溪、何家田一带活动的小分队，首先恢复和建立老区的中共地下组织，随后在陈禾洞、黄竹坳、邹村等地相继建立起党支部，共有20多个党员。接着，鳌溪、陈禾洞、黄竹坳等地的农会和民兵也相继组织起来，在党支部的领导下进行活动。

何家田一带恢复和建立地方党组织及扩大武装队伍后，为了扫除地方反动势力，鼓舞老区群众的斗志，武装小分队到麻榨逮捕了国民党巡官廖王九，缴获步枪13支、驳壳枪4支及弹药一批和电话机一部。接着，在陈禾洞水口村抓获曾杀害东江纵队战士的反动地主陈粤昌，缴枪3支。

东江纵队主力北撤后，隐蔽在博罗各地的共产党员、武装小分队和复员人员，在江北地委的领导下，坚持分散隐蔽进行英勇顽强的自卫斗争，保留了革命力量，保护了人民群众，粉碎了国民党反动派企图彻底消灭人民革命力量的阴谋。隐蔽下来的共产党员和武装人员，为后来重建武装、恢复武装斗争创造了有利条件。

第二节 党组织和武装斗争的恢复

一、恢复武装斗争的指示

为了配合中共中央关于"公开建立游击根据地"的指示精神，广东区党委决定全面恢复广东武装斗争，提出"实行小搞，准备大搞，从无到有，从小到大，稳步前进"的战略方针，号召各地党组织领导留下坚持斗争的武装力量，重新拿起武器，建立武装队伍，立即开展打击地方反动势力、保护人民群众利益、发展和壮大武装队伍的斗争。

1947年1月，曾光率队转移到柏塘坳头村，然后分头在象头山附近的老区串联发动原复员人员和进步群众200多人，合编为一个小分队。2月，按照广东区党委的指示，取消东江人民饥饿救济团。随后，以留下坚持武装斗争的武装小分队为骨干，整编为1个短枪队和3个步枪班。

同年3月，中共中央香港分局派黄庄平、黄佳回到江北地区工作，以统一各地党组织和加强武装斗争的领导。随后，成立中共江北地方工作委员会（"工作委员会"简称"工委"），统一领导江北地区的博罗、增城、龙门、清远、佛冈、从化、花县（今花都）等县的党组织工作和武装斗争。由黄庄平任中共江北工委书记，黄德任副书记。会议决定统一领导，分散发展，继续开展反"三征"（征兵、征粮、征税）、破仓分粮、减租减息的群众运动。

4月，江北工委召开干部扩大会议，总结恢复武装斗争以来的工作情况和讨论今后的发展方向，强调要依靠老区、发展新区，建立罗浮山、桂山、南昆山游击根据地，动员一切力量发动群众，组织群众进行减租减息斗争；加强统一战线工作，在斗争中发展巩固党的组织。会后，江北地区各区工委先后成立，党组织全面恢复。

二、武装部队的建立与打击地方反动势力

1947年3月，博（罗）龙（门）河（源）人民解放队和增（城）龙（门）从（化）博（罗）人民自卫队建立后，随即联合行动，开赴龙门发动群众开展破仓分粮的斗争。4月初，为了进一步打开斗争局面，江北工委在何家田召开会议，决定将东江人民解放军独立第十大队和博龙河人民解放队合编为一个大队，仍以"东江人民解放军独立第十大队"为番号。曾光任大队长，黄干任政治委员，邓子廷任副大队长，全队共有60多人。

为了适应新形势，加强对华南党组织和国民党统治区群众运动的领导，中共中央于5月6日作出决定，设立中共中央香港分局，方方为书记，尹林平为副书记。随后，香港分局制定了"展开群众性的广泛游击战，着重消灭地方反动势力，求得普遍发展"的战略方针。

6月26日，为了打击地方反动势力，扩大队伍、开辟新区，河东县委决定，由东江人民解放军独立第十大队兵分三路，攻打曾杀害东江纵队复员人员的公庄桔子圩恶霸地主林兆富和国民党桔子乡公所。林兆富束手就擒。攻打乡公所的战斗结束后，突击队随即发动群众破仓分粮，把国民党地税谷仓的40多万斤（1斤=500克，下同）稻谷分发给群众度春荒。为了惩戒地方的反动

分子，解决部队的装备和给养问题，突击队勒令林兆富交出布匹500匹和稻谷1500石（1石=120市斤，下同），并对他宣布，不准欺压人民、残害百姓，不准与国民党反动势力勾结组织反动武装，不准迫害革命战士家属，不准向国民党报告中共方面的活动情况，然后将其释放。攻打公庄桔子圩反动恶霸地主林兆富及国民党桔子乡公所取得胜利，是博罗地区恢复武装斗争后打响的第一枪，打击了国民党反动当局的嚣张气焰，吹响了开展人民解放游击战争的战斗号角。

在博东地区开展打击反动势力的同时，1947年8月，博西地区增龙从博人民自卫队在巩固老区工作的基础上向平原新区发展，副队长徐文带领王饶中队、王国祥中队袭击大坡洞社下反动自卫队，全歼该部。随后向罗浮山南部发展，在博西建立了一支30多人的武装工作队（简称"武工队"），在东至新作塘，南至东江河边，纵横百里的地区活动。他们发动群众开展反"三征"、减租减息斗争，发动进步青年100多人参军；同时，派出武装人员进入国民党统治区的城镇建立秘密据点，进行武装斗争，镇压了长宁峯禾岭反动地主陈文，打击了福田乡反共联防队和联和反动地主周瑞。10月，参加北撤的陈李中、李绍宗两人从山东解放区回到广东，被派到江北地区工作，陈李中任中共江北工委常委，李绍宗参加增龙从博人民自卫队的领导工作。

恢复武装斗争，重建武装队伍，反映了人民大众的迫切要求和希望，因而得到广泛的拥护和支持。在江北工委的领导下，活跃在博罗各地的武工队按首先摧毁国民党乡村政权、打击地方反动势力和分散发展的斗争原则，抓住国民党统治区兵力空虚、对广大农村无法控制的有利时机，频频主动出击，消灭地主反动武装，不断壮大武装队伍，扩大政治影响，为进一步开展武装斗争，建立根据地打下了基础。

1947年3月15日，为了消灭人民武装力量，国民党广州行辕发布"清剿"命令，在各行政区设立"清剿"机构，拼凑地方反动武装，调集兵力，实行"全面清剿，重点进攻"的方针，采取"分兵把守，伺机出击，集中机动，远途奔袭"的战术，企图在人民武装队伍建立之初，力量尚小之时，集中兵力，一举歼灭。

从3月开始，国民党广东当局为了巩固广州外围的控制，调集保安第八总队一个大队、第九十二旅的两个团以及各县地方反动武装3000余人的兵力进攻江北地区，对江北地区实行所谓"全面清剿"，频频发动进攻，图谋将江北地区刚刚建立起来的人民武装扼杀在摇篮之中。国民党广东军事当局在采取军事进攻的同时，还强迫群众组织"自卫队"，进一步实行"联保联坐"和"惩办通匪、窝匪"政策，构筑碉堡工事，组织"守望哨""情报队"，对游击区进行经济封锁和特务谍报活动，妄图将人民武装围困于山区，然后步步进兵，加以消灭。面对国民党当局的进攻，中共江北工委根据江北地区武装力量相对弱小的状况，于4月底在南昆山观音潭召开会议，确定开展武装斗争的策略：以山地为主，以南昆山为中心，主要力量放在发展南昆山周围，把南昆山作为基地，发展桂山和罗浮山作为回旋区，并采取"避实就虚、避重就轻、避大就小"的作战方针，主力部队和地方部队及民兵相结合，采取袭击战、伏击战等战术，袭击敌人、牵制敌人。

1947年7月，为了反击国民党的军事进攻，中共河东县委根据中共江北工委的指示，成立两支武装部队挺进桂山。一支是由黄干、张奕生、钟奇等50多人组建而成的龙河博人民解放军，黄干任队长；另一支是由曾光、邓子廷、刘彪等40多人组建而成的东江人民解放军独立第十大队，邓子廷任大队长，曾光任政治委员。这两支队伍进入桂山地区之后，在中共地方组织的密切配合和支持下，立即展开一系列军事行动，不断打击地方反动势力，进行开辟新区的斗争。同时，部分乡村还建立了人民政权，从而使地方党组织和部队党组织得到巩固和发展。

在江北工委的领导下，博罗党组织经过一年的艰苦奋斗，至1947年秋，东江人民解放军独立第十大队已控制桂山至老区何家田方圆百里的地区，使新区、老区连成一片，活动区域人口达10万人之多，普遍建立了农会和民兵组织。部队扩大为4个大队和1个独立中队，作战部队和后勤、税收、交通、情报、民运等人员共400多人。同时，博西、增城的部队在巩固老区的同时，以一部分兵力向罗浮山以南进发，开展平原游击战，将活动区域扩展到东至新作塘，西到增城三江、石滩、四升平，南至东江河边，纵横百里的地区，初步形成了以桂山和罗浮山为中心的游击基地。

反击国民党当局第一、二期"清剿"

一、反击第一期"清剿"

国民党统治集团为了挽救其全面崩溃的危机，以及确保在华南的反动统治，于1947年9月23日委派宋子文到广东，接替张发奎、罗卓英，担任国民党政府军事委员会广州行辕主任、广东省政府主席和广东省保安司令，妄图强化国民党在广东的统治。宋子文主政广东后，对内实行"三征"暴政，对外实行"黄埔开港"政策，出卖华南资源和军事基地，换取美国的军事和经济援助。宋子文扬言："广东治安三个月有办法，六个月见成效。"从12月开始，国民党广东当局以8.9万余人的兵力，对广东人民武装力量发动所谓"分区'扫荡'，重点进攻"的第一期"清剿"。

1948年3月初，为了加强对江北地区党组织的领导，统一指挥全区的武装队伍，根据中共中央香港分局的决定，正式成立中共江北地委，同时撤销各区工委，分别成立县委。由黄庄平任中共江北地委书记，陈李中任副书记。成立增（城）龙（门）县委，由钟育民任书记，钟达明任副书记。同时，将江北地区的武装力量统一整编，成立广东人民解放军江北支队，由黄柏任司令员，王达宏任副司令员。

3—4月，国民党军以第六十九师九十二旅一个团、广州行辕独立第二团为主力，配合保安第八团及地方反动武装共3000多人的兵力对江北地区进行"清剿"。敌人大肆破坏江北地区的农会和民兵组织，搜捕共产党员、军人家属、农会会长、民兵积极分子和进步群众，以残酷镇压与政治瓦解相结合，妄图达到摧毁江北根据地群众基础、孤立消灭江北主力部队的目的。

在第一期反"清剿"斗争中，由于对国民党"清剿"的严重性认识不足，江北地委及部队领导仍把精力集中在分田、分粮、停租、废债等工作中，没有制定全面反"清剿"的计划和部署；加上部队刚刚建立不久，没有很好地培训，在敌人进攻时，仓促应战，主力部队被迫分散，未能集中优势兵力歼灭敌人的有生力量，因而处于被动挨打的处境。但江北根据地群众基础较好，使敌人的阴谋未能得逞。随着人民解放战争形势的发展，第一期"清剿"只好草草收场。

二、粉碎第二期"清剿"

1948年夏，国民党广东军事当局为达到其"安定华南"后方基地的目的，经过一番准备，调整了3个补充旅、15个保安团和12个独立保安营及地方团队，对广东人民武装力量发动以江南地区为重点进攻目标的第二期"清剿"。

为了粉碎第二期"清剿"，中共中央香港分局在认真总结反击国民党第一期"清剿"教训和经验的基础上，于同年6月发出反击第二期"清剿"的指示，同时提出"到处发展，相机进攻"和"坚持平原游击战，以掩护山区建立根据地"的方针，要求各地部队应互相策应，克服上半年某些地区没有协同作战的问题。

7月，国民党调集2000余人的兵力攻占正果、麻榨，对罗浮山一带进行反复"扫荡"。江北支队虽未受到大的损失，但因叛徒温钳率一中队投敌，严重影响部队的情绪。这时，江北地区武装部队减员40%，活动地区也缩小了三分之二，根据地人口由24万人锐减到14万人。国民党在其控制和占领区，一方面大肆摧残人民群众，搜捕迫害农会、民兵组织骨干，实行白色恐怖；另一方面强化保甲制度，实行联保连坐，移民并村，计口授粮，建立地方反动联防武装，强化其反动统治。

面对严峻的斗争形势，9月下旬，江北地委召开扩大会议。会上，传达了中共中央香港分局和尹林平关于粉碎宋子文"清剿"计划、积极开展军事斗争的一系列指示，结合实际认真总结江北地区长期陷于被动局面的原因和教训，讨论和学习江南地区开展积极军事斗争、粉碎敌人"清剿"的经验，制定了"加紧巩固队伍，稳定群众情绪，大胆推进，粉碎敌人重点进攻、怀柔瓦解的新阴谋"的斗争方针和策略。

会后，江北地委派钟育民、崔佳权为平原区正、副特派员，组织两支精干的队伍，插入广州郊区和广九铁路沿线开展平原地区工作。此后，江北地区部队积极开辟平原地区、配合巩固老区、集结主力、整训部队，积极寻找战机，主动打击敌人，取得了一系列战斗的胜利。

1948年7月初，国民党广东当局调集广州行辕独立第二团两个营、两个县警中队及地方反动武装共2000余人，首先向博罗罗浮山一带及麻榨、正果地区发动进攻。江北支队第二团团长徐文带领徐清中队从增城突围到博西地区。与此同时，在河东地区活动的江北支队第一团主动出击，从横河何家田奔袭平安四角楼的国民党县警大队，随后在打击国民党部队及柏塘地方反动武装的战斗中取得胜利。9月，江北支队直属第二大队转移到博东地区开展活动，与活动在博东地区的江北支队直属第一大队相互配合、相互策应，打击国民党军的进攻。他们先后两次联合出击，攻打矮围和平安圩，击溃国民党县警大队和地方反动武装，攻占了平安圩。

1948年7月，河东地区的部队除留一部分兵力在老区与敌军周旋外，其余部队组成武工队进入博罗象头山、县城附近、桂山东南、桂山西北、龙门龙华一带活动。另派独立第二大队到东江河一带活动，设立税站。8月，江北支队第一团民运股股长李莫平带领武工小分队进入平安、八围、湖镇、响水一带开辟新区，动员进步青年参军。武工小分队很快发展到80余人，并建立了响水区工委。10月，张奕生、林石群带领河东政治突击组在柏塘石岗建立农会，使博东地区游击区东自象头山，南至响水，东北到柏塘连成一片。同月，为了开展博西地区的斗争，李莫平、徐清武工队在博罗附城、响水一带活动，并发展了一批党员和组织了秘密农会、妇女会等群众组织。

在反击宋子文第二期"清剿"斗争的后期，由于江北地委改变战略部署，积极开辟平原地区，配合巩固老区，且江北地区部队通过集结主力，积极寻找战机，频频出击，取得了一系列胜利，使江北地区的斗争形势获得转机，反"清剿"斗争局面由被动逐步转向主动。何家田、鹅头寨、茅田、陈禾洞、石坝、平安、桔子等根据地得到进一步巩固，为建立大块根据地打下坚实的基础。

粤赣湘边区党委和粤赣湘边纵队东江第三支队的建立

一、中共粤赣湘边区委员会的成立

1948年冬，人民解放军将向长江以南进军，夺取更加伟大的胜利，人民解放战争在全国的胜利已成定局。

在广东，宋子文组织的两期"清剿"相继失败后，再也无力组织较具规模的"清剿"了。宋子文不得不在蒋介石引退后的第三天逃往香港。由余汉谋接任广州绥靖公署主任，薛岳接任广东省政府主席兼保安司令。东江地区党组织领导的人民武装队伍，经过两个多月艰苦卓绝的斗争，在东江流域的10多个县中广泛开展游击战争，粉碎了国民党军队的不断进攻，歼灭了敌人的有生力量，九连地区、江南地区和江北地区游击战场的局势已全面扭转，为整个粤赣湘边区赢得了战争的主动权，也为粤赣湘边区转入集中主力协同作战、进入全面反攻创造了十分有利的条件。

为了加强粤赣湘边区党组织和军事斗争的领导，适应新的斗争形势的需要，1948年12月15日，香港分局经报告中共中央批准，决定正式成立以尹林平、黄松坚、梁威林、左洪涛、黄文俞、严尚民等人组成的中共粤赣湘边区委员会（简称"粤赣湘边区党委"），尹林平任书记，黄松坚任副书记。1948年12月下旬至1月中旬，粤赣湘边区党委在惠阳安墩（今属惠阳）召开第一次全体会议。会议对1948年的工作进行了认真的回顾和总结，传达了中共中央主席毛泽东1948年11月15日对南方游击战争的重要指示，根据毛泽东的指示，会议对军事、经济、民运以及粤赣湘边游击战争发展战略、方向、任务等问题进行认真的讨论，统一了认识，并作出《关于时局分析和今后任务的指示》。

二、粤赣湘边纵队东江第三支队的成立

中共中央革命军事委员会（"革命军事委员会"简称"军委"）于12月27日电复香港分局，批准成立中国人民解放军粤赣湘边纵队、中国人民解放军闽粤赣边纵队和中国人民解放军桂滇黔边纵队。1949年1月1日，中国人民解放军粤赣湘边纵队正式成立。尹林平为司令员兼政治委员，黄松坚为副司令员，左洪涛为政治部主任，梁威林为副政治委员，严尚民为参谋长。4月17日，粤赣湘边区党委下令将所辖部队统一改编，活动于江南地区的江南支队改编成为中国人民解放军粤赣湘边纵队第一支队，活动于九连地区的粤赣湘边纵队支队改编为中国人民解放军粤赣湘边纵队第二支队，活动于江北地区的江北支队改编为中国人民解放军粤赣湘边纵队第三支队。

1949年2月15日，根据粤赣湘边区党委的指示，中国人民解放军粤赣湘边纵队东江第三支队（简称"东江第三支队"）在博罗正式成立，黄柏任司令员，黄庄平任政治委员，王达宏任副司令员，陈李中、钟育民先后任政治部主任。

第五节

上坪大捷以及解放区政权的建立

一、上坪大捷

为了贯彻粤赣湘边区党委关于组织春季攻势、粉碎国民党广东军事当局的进攻阴谋、建立大块根据地的指示，江北地委作出《关于反扫荡军事斗争的决议》。该决议指出我军事斗争方针是加紧准备，坚决贯彻区党委"主动地、积极地、一部分一部分歼灭敌人的'清剿'部队，有计划、有策应地粉碎敌人的进攻，建立以博（罗）、河（源）、龙（门）为中心的斗争基地"。同时，要求动员各区武工队、地方连队要配合主力部队作战，完成牵制、打击敌人，发展新区，加强情报和经济给养等各项工作。东江第三支队通过认真总结斗争经验和教训，明确只有集中优势兵力，主动寻找战机，打击敌人，歼灭敌人的有生力量，才能化被动为主动，掌握主动权，进而从根本上粉碎敌人的进攻。

1949年初，国民党博罗县县长吴舜农率领县警大队进犯显村、麻陂、石坝根据地。1月4日，吴舜农率领200余人的武装企图到公庄拉丁、抢粮，在獭子圩墩子围洗劫时，被江北支队第三团围困在獭子圩内。随后在5日、7日和9日的三次战斗中，吴舜农部共被毙伤20多人，从此龟缩在獭子圩内不敢再出来扰民。为了把麻陂、石坝两个地区连成一片，使部队有更大的回旋余地，东江第三支队钟成中队攻打麻陂，将国民党麻陂驻军一举歼灭。

此役，中队副指导员邓光华受重伤于当晚不幸牺牲。3月4日，国民党第一五四师一个团在石坝洋角、洋坑沥一带搜捕石坝乡人民政府人员及常备队队员，并大肆纵火抢掠。石坝乡常备队队员钟奎、张来、李育坚在鸦髻山为掩护战友安全撤退，与国民党军队激战数小时至弹尽被捕，并先后被杀害。

3月初，国民党国防部第二厅独立第二团第三营营长申江率领该营及增城、龙门、博罗地方反动武装，疯狂地对增龙博地区进行"清剿"。此前，东江第三支队第二团主力与申江营周旋一个多月后，主力转移到博罗横河何家田、黄竹坳一带。申江营亦从增城、龙门紧紧跟踪东江第三支队第二团主力到了博罗，然后纠集增城、博罗、龙门地方反动武装1000余人，从柏塘、横河、平安一带兵分三路向公庄进攻。申江亲自率领中路敌军，从横河经黄竹坳、鹅头寨、红头岭、上坪至公庄官山；右翼一路敌军自柏塘经石岗走小路夹击官山；左翼一路敌军从龙门路溪经平陵袭击官山。随后，申江营又尾随东江第三支队第二团直抵何家田、黄竹坳一带。面对这严峻形势，东江第三支队认为申江是三路敌军的总指挥，只要集中兵力歼灭其率领的中路敌军，其余两路将失去统一指挥而易于就歼。申江营自进占江北地区以来，从未遭遇重创，因而气焰嚣张，横行无忌。部队如果向公庄进发，申江营必然会尾随而来。上坪是老区，群众基础好，加上地形复杂，是部队很好的设伏地点。于是部队从红头岭退到官山，诱敌深入，然后在红头岭到公庄途中的上坪设伏以歼灭进犯之敌。

上坪地处横河与公庄中间，是横河通往公庄、平陵的必经之路。上坪是一个狭长的小盆地，东西两面尽是草木茂盛的高山，易于藏兵设伏，是极为理想的设伏用兵之地。东江第三支队司令员黄柏、副司令员王达宏带领部队连以上干部到现场察看地形后，作出了战斗部署。各参战部队明确任务后，随即进行战前政治思想动员和准备工作，然后各就各位，进入伏击位置，严阵以待。

官山村的村民听到消息，群情激奋，纷纷表示要全力支持这一军事行动。时值春耕，当了解到部队急需军粮时，村民把刚浸的谷种捞起来烘干，碾成大米，送到营房；有的村民把自家的房屋献出来，给战士们当掩体或炮台；民兵们纷纷报名组成担架队、运输队……

3月17日，申江营及地方反动武装从红头岭、柏塘、陈禾洞兵分三路向公庄进犯。申江营一个加强连、一个炮排及地方反动武装260多人进入上坪，落入东江第三支队所设的伏击圈内。这时，黄柏一声令下，东西两面的伏击部队立即集中火力向敌军扫射，地雷、手榴弹在敌群中开花。敌军顿时乱作一团，抱头鼠窜。突击队员随即冲出掩体，势不可当地冲向敌军，奋勇杀敌。国民党部队突然遭到猛然袭击，猝不及防，被打得晕头转向，又处在开阔地带，无法建立掩体，大炮和重机枪也无法发挥作用，便企图抢占上坪村依屋顽抗，但又遭到埋伏在屋内的突击部队迎头痛击，顿时东奔西突，夺路逃窜。接着，东江第三支队发起全面总攻，国民党军队很快就全线崩溃，缴械投降。战斗仅用40多分钟就结束，除3名地方自卫队员逃脱外，其余敌军全部就歼。此役，共毙敌39人，伤敌37人，俘虏敌营长申江以下官兵185人，缴获八二迫击炮1门，六〇炮2门，重机枪4挺，轻机枪10余挺，枪弹筒8支，长、短枪200支，电台一部及物资弹药一批。东江第三支队指战员伍强、苏冠、范恒、刘君球、黄辉5人牺牲，7人负伤。配合申江由柏塘进犯的右路敌军，也遭到东江第三支队李汉威带领的钟成中队的阻击，死伤10多人，狼狈逃窜。左路进犯的敌军由龙门路溪到达平陵时，获悉申江所部被歼，便龟缩在平陵城内，坚守不出。

上坪大捷，是江北地区集中优势兵力、化被动为主动、扭转战局的首次歼灭战，是对"清剿"江北地区的国民党军队一次最为沉重的打击，彻底粉碎了国民党军队对江北地区的"清剿"，从根本上扭转江北地区的军事局面。在战斗过程中，人民武装紧紧依靠人民群众，动员和发动人民群众，调动各方面力量支持人民战争，给部队送粮食、送物资，为部队抬担架、救伤员。上坪的人民群众为上坪大捷作出了不可磨灭的贡献。

3月中旬，东江第三支队司令部、政治部在公庄桔子寨子岭举行上坪大捷庆功大会，与会军民数千人。被评为上坪大捷功臣的有40多人，记一等功的有13人。

4月，江北地委召开会议决定，全区的发展方向以新（丰）河（源）边境为主，博中为次；配合兄弟部队迅速打开罗浮山至象头山之间的局面，扩大回旋地区，支持博西平原工作的开展；河东区除结合两个主要方向发展外，还要坚持发展桂东南的平原游击区。

在东江北线春季攻势取得全面胜利的同时，继东江第三支队上坪大捷后，其他部队乘胜追击，展开猛烈攻势，瓦解地方反动武装，先后策动国民党部队投城起义。博罗横河解放，麻榨地区恢复，博西武工队扩大，增博边区局势扭转，罗浮山周边的湖镇、澜石、响水，以及桂东南的埔前、石坝、麻陂、显村，江南的芦洲乡和高布等乡村全部解放，以罗浮山为中心的战略基地得到了恢复和发展。

二、解放区政权的建立

随着斗争形势的发展，江北地区党组织采取不同形式，先后建立起县、区、乡革命政权。1948年，江北地区的武装斗争迅速发展，到处都有武工队、游击队的活动。随着形势的发展和游击根据地的建立，广大人民群众的思想觉悟不断提高，迫切要求推翻反动政权，建立人民民主专政的政权。游击根据地的群众按照土地革命和抗日战争期间的做法，组织农民协会、贫农团、自卫队等群众组织。与此同时，部队派出武工队、民运队协助发动群众有步骤地建立基层的政权。

博罗县博西和博东地区的游击根据地自1948年初武装斗争由"小搞"到"大搞"之后，各游击基地和控制区迅速扩大，武装队伍也不断壮大，群众团体如农民协会、妇女救国会等组织普遍建立，减租减息乃至土地改革也正在进行。许多由人民武装控制的乡村都建立了政权。1948年12月中旬，石坝乡人民政府成立，徐剑平任乡长，陈伟祥任指导员。同年冬，桔子乡人民政府成立，骆瑜任乡长。7—12月，蓝田的黄泥潭、中田、矮岭铺、澄塘相继成立农会，共有会员1000多人。农会领导农民实行"二五"减租和进行反"三征"运动。各地农会的成立，实际上是控制了乡村政权，一切权力归农会。

在完全控制的地区，已开展减租减息的地方，较早开始建立县、乡、村的民主政权；在一些尚未巩固的游击区根据地，主要以农会代行行政职能；在尚不稳定的游击区，则仍然以建立两面政权为主。

1949年3月上坪大捷以后，河东地区第三次连成一片，建立人民政权已成为形势发展的需要，而且条件也已成熟，河东县委决定扩展地方党组织，为人民政权的建立打下基础，因此举办区委党员干部培训班，抽调各部队连级以上政治干部和地方党支部以上的党员干部参加学习。学习班结束后，首先设立各区委：中心区委、桂西北区委、桂东南区委、柏塘区委、桂西南区委（龙华区委）。随后，獭子乡人民政府成立。4月，三径乡人民政府成立。7月，杨村乡人民政府成立。

由于江北地区迫切需要能从事政工工作的人才，经组织同意，3月19日，中山大学学生陈桐、周鹤翔等9人先后分三批由中山大学地下党派到博罗游击区，被分配到东江第三支队第一团部、连队、群工队等单位工作。这是解放战争时期，知识分子到博罗参队人员最多的一次。随后，北京、广州各中学和大学的部分学生也先后来到江北地区参加革命工作，从而充实了东江第三支队的政工工作人员。

随着春季攻势和夏季攻势的胜利，东江解放区不断扩大，江北地区大部分解放，解放区已达到纵横百里，人民群众团体普遍建立。河东区人民武装基本控制了活动范围的所有乡村，解放区人口已发展至40余万人，由基层群众到上层民主人士都有建立民主政权的要求和愿望，无论是从主观上看还是从客观上看，普遍建立各级人民政权不但时机成熟，而且也具备了充分的条件。5月14日，东江第五支队政治部民政科发出通知，各县成立县政府，推选正、副县长，施行统一政令，统一制度，统筹统支；并且要求各乡可依乡区成立乡政府，300人左右较集中的村屋连成一村，成立村代表会，由全体自愿参加农会组织的农民在大会上选出农会委员及正、副农会会长。

1949年7月，东江人民行政委员会正式成立。谭天度任主任，叶锋任副主任。下设3个督导处，其中在江北地区设立东江行政督导处，陈李中任主任。7月1日，博东县人民政府在公庄桔子圩宣告正式成立，曾光任县长，张奕生任副县长。下辖5个区：桂西北区人民政府，下辖平陵乡人民政府、鲤鱼乡人民政府、洪溪乡人民政府、高埔乡人民政府；桂东南区人民政府，下辖石坝乡人民政府、麻陂乡人民政府；中心区人民政府，下辖桔子乡人民政府、獭子乡人民政府、显村人民政府、杨村乡人民政府；柏塘区人民政府，下辖平安乡人民政府、柏塘乡人民政府、三径乡人民政府；桂西南区（龙华区）人民政府，下辖龙华乡人民政府、沙径乡人民政府、茅岗乡人民政府、路溪乡人民政府、城南乡人民政府、鳌南乡人民政府。此外，在博西地区建立横河乡人民政府。

解放区各区人民政权的产生，大多数县是由地委或县委批准并委派适当人员组成的。有一部分乡、村民主政府是由选举产生的。而大部分乡、村民主政府都从地方基层党组织、农会、民兵中挑选出经过斗争考验的思想觉悟较高的积极分子担任有关职务。各级民主政权的组成人员一般都是威信较高的共产党员、工农积极分子，也有地方民主人士、统战对象或国民党起义人员，侨乡则有归侨或侨属代表，体现了新民主主义政权的性质。

博罗作为东江解放区的重要组成部分，政权建设虽然时间不长，但对于巩固解放区和发展革命根据地，完成民主政权的各项任务，支援前线，迎接野战军南下入粤作战，解放全广东、全华南发挥了积极作用；同时也为解放战争胜利后接管旧政权，建立新的人民政权积累了经验。

第六节 开展策反工作分化瓦解敌人

在人民解放军战争取得节节胜利的同时，中共中央对国民党反动派及其残存的军队展开了强大的政治攻势，公开表明中国共产党的有关方针政策，以进一步促使国民党势力的分化瓦解。

鉴于人民解放战争的大好形势和国民党统治风雨飘摇的境况，在中国共产党强有力的政治攻势和政策感召下，各地的反动武装分化瓦解，投降、起义者与日俱增。

为了进一步分化瓦解敌人，江北地委早就利用地方党组织和潜入国民党党、政、军机关的秘密工作人员，以及各地方进步人士开展策反工作，仅在博罗地区，就先后争取到黄秉钧、张康、罗松、曾景阳等人率部起义，为分化瓦解敌人，展开政治攻势，取得成功经验。

1949年3月1日，东江第三支队发出通告，凡脱离其部队的国民党官兵，持通行证可安全通过解放区，并按规定携带武器装备起义的奖励条例给予奖励。3月，国民党博罗县警中队中队长黄秉钧向响水武工队投诚。3月下旬，经过蓝田支部书记黄乾九反复耐心的思想教育后，国民党驻蓝田三、六保联防大队大队长张康率领本部30多人在蓝田黄泥潭起义。起义部队奉东江第三支队的命令，先后调到紫金腊石、博罗蓝田一带活动，并将队伍扩充到近70人，队伍番号改为"河博边人民保卫大队"，张康任大队长，朱必达任中队长，马云任教导员。

在运用统一战线政策开展策反工作中，江北地委最为成功的是策动国民党东江守备总队第二大队罗松大队的起义。

1949年春，被东江人民武装压缩于东江上游河源蓝口的国民党东江守备总队第二大队，专门负责武装护送国民党运输船只在东江河的航行任务，从河源至老隆之间的航线，成为其势力控制范围。为了打通这一航线，有利于人民武装的军事行动，东江第二支队和第三支队通过对国民党东江守备总队第二大队主要负责人罗松等人的分析，作出运用中共的统一战线政策，以和平方式争取这支队伍举旗起义、投向人民行列的决定。

国民党东江守备总队第二大队大队长罗松，博罗县（今属河源市）埔前人，出生于贫苦农家，虽然是绿林出身，但有正义感，同情劳动人民的疾苦，痛恨剥削制度和剥削阶级。抗日战争时期，罗松队伍被国民党地方顽军梁桂平收编后，在惠阳驻防期间，与当地群众关系较好，曾发动群众修筑公路，且从事过救济难民工作，也曾接受过东江人民抗日武装队伍的教育和影响，与东江第五支队有过联系和来往，长期相安无事，没有发生过任何摩擦。罗松与其上司梁桂平有矛盾，曾抵制过梁桂平的走私和贩毒行为，并没收过梁桂平的走私货物，引起梁桂平的不满。罗松的岳父黄福是东江绿林中的显赫人物，有"桂山王"之称。罗松对其岳父言听计从。黄福此人善于审时度势，眼看国民党统治集团行将覆灭，便主动靠拢人民武装，以图从中寻找出路。黄福、罗松又与东江第三支队第一团副团长邓子廷有过深交。罗松所率队伍多数是贫苦出身，对国民党反动派的作为一向不满，只要运用统一战线的方针和政策，争取罗松率队起义是有可能的。

1949年初，邓子廷偕同粤赣湘边纵队第一团第三支队民运股股长骆瑜与黄福取得联系，通过向其分析形势及宣传中共的政策，要求黄福规劝罗松率队起义。黄福当即表示愿意对罗松进行开导和规劝。罗松经黄福规劝后，虽然思想有了很大触动，但仍有顾虑，未能作出最后的抉择。3月，负责策动罗松起义工作的黄乾九、朱必达等一方面向罗松指出国民党大势已去，倾巢之下无完卵的悲剧结局，另一方面指出其上司居心叵测、图谋报复的危险，使罗松终于表明态度，决心摆脱羁绊，早日择机率队起义。

3月底，东江第二支队，第三支队第一团有关人员，以及黄乾九、朱必达再次与罗松、黄福进行谈判，协商起义的具体事宜，达成三项协议：一是串联发动、做好起义的思想准备；二是一俟时机成熟，立即率部起义；三是由东江第三支队第一团接应起义部队。

会谈结束后，罗松立即返回蓝口，一方面对其部属秘密进行游说教育，另一方面与东江第三支队第一团保持密切联系。罗松返回蓝口不久，国民党东江守备总队派副总队长李少扶到河源指挥作战，李少扶命令总队属下驻河源城附近的李乃铭、黎九、罗生、罗松4个大队到埔前待命，企图围攻驻守埔前的东江第三支队第一团猛虎大队。罗松接令后，立即派其弟罗启俊将情报送到猛虎大队驻地，并借故拖延出兵时间，避免与猛虎大队交战，使国民党东江守备总队围攻猛虎大队阴谋落空。

4月18日，驻守河源蓝口的国民党东江守备总队第二大队大队长罗松和副大队长王瑞祥率领官兵60余人，携重机枪1挺，轻机枪2挺，长、短枪130多支，在埔前圩宣布起义。国民党东江守备总队第二大队起义后，编入中国人民解放军粤赣湘边纵队第三支队第一团。根据有关政策，保留人员编制、充实兵员、扩充编制，经过一系列的政治思想教育和战斗锻炼，这支队伍的政治素质、军事素质都有了很大的提高，成为东江第三支队第一团中一支有战斗力的骨干队伍。

第七节

迎军支前工作的开展

1949年7—8月，人民解放军粉碎了国民党所谓"华中局部反攻计划"之后，分几路大军迅速南下，直逼湘、赣。

1949年4月，江北地委召开会议，明确江北地区的斗争方针任务，确定建立以博（罗）河（源）龙（门）为中心的斗争基地，准备力量，迎接大军南下。为了保证筹集野战军南下作战所需的粮食，粤赣湘边区党委发出征粮15万担的号召，其中要求博罗负责征粮1万担。这一号召得到博罗人民群众的积极响应。尽管博罗人民群众屡遭国民党军的抢掠，生活十分困难，但群众宁愿以杂粮充饥，也要将主粮交出来，支援野战军南下入粤作战。4—5月，博罗人民群众以实际行动支持南下大军，踊跃购买公粮债券，其中横河老圩购买了100余担，新圩购买了300余担，公庄购买了225余担。6月1日，江北地委决定以罗浮山为中心，建立解放广州的前进基地，同时成立东江第三支队第五团。

随着野战军南下的日期逐渐逼近，博罗县各区、乡、村纷纷成立战勤组和慰劳团体，全县各界群众在各级党组织的发动组织下，掀起了迎军支前的高潮。

8月8日，江北地委发出《紧急动员起来，一切作迎接大军、夹歼残敌、解放广东之准备》的指示。为了确保迎军支前工作的顺利开展，博罗县委在县、区设立支前委员会，乡设立支前指挥所，村设立支前指挥员，同时动员年龄在18～45岁的男子和年龄在20～40岁的妇女报名填表、编队，参加支前工作队；村设立支前支队、乡设立支前大队、县设立支前总队。支前机构均由党、政主要领导组成，实行一元化领导，以保证支援前线、迎接大军南下这一重大任务的顺利完成。8月29日，东江第三支队发出通知，号召各区乡村进行比工作热情高、比迎工队多、比民兵多、比慰劳品多、比公粮多、比迎接大军好的"六比"运动。

9月，博罗县委召开会议，作出紧急动员，提出当前的中心任务，按江北地委通令，于9月25日前修好博河公路古岭、平陵到公庄、显村、柏塘的大路，以便行马。沿途遇河应修浮桥。在各级迎军支前委员会中设立修路股、修路组，负责完成该项任务。在通往广州的公路上，沿途设立慰问站、茶水站、医疗站、供应站，配合南下大军解放广州。9月13日，江北地委发出致各县委的补充通知（迎军支前第一号命令），命令东江第三支队司令员黄柏率领主力部队在博东地区活动，并领导博罗的支前和接收工作。各县城解放时，成立军事管制委员会，由各县县长兼军事管制委员会主任，由副县长任副主任。博罗负责修筑由河源经博罗至增城的公路，古岭、平陵经公庄至杨村的大路，由埔前、石坝至泰美的大路。博罗负责1万担粮食，于14日前筹足；待全面解放时，博罗再筹2万担粮食以及常备民兵200名、担架40副。

当野战军进入东江地区时，各地组织的民工队、运输队、担架队、茶水队、洗衣队、理发队、缝衣队、向导队、炊事队、马草队和秧歌队等纷纷出动，守候在野战军将要经过的道路两旁，热烈欢迎野战军的到来，热情为野战军服务。同时，各地都组织了支前民工营，跟随野战部队南下到珠江三角洲，负责救护伤员和运输工作。

粤赣湘边纵队春季攻势和夏季攻势

针对国民党当局以重兵把守粤汉南段和港九铁路沿线的军事形势，中共粤赣湘边区党委于1949年2月25日作出部署，要求所属部队协同作战发出春季攻势，完成区党委确定的战略计划。按照区党委的作战计划，春季攻势首先在江南地区展开，开辟海、陆、惠、紫、五战略基地。同时，东江第二支队主力和东江第三支队，也展开了开辟新（丰）连（平）河（源）龙（门）边战略基地的斗争。从2月开始，北线部队兵分三路连连出击，将国民党军完全压制在东江流域走廊的河源、蓝口等孤立据点内，新（丰）连（平）河（源）龙（门）博（罗）边战略基地遂告形成。

1949年5月开始，粤赣湘边纵队主力部队在各部的紧密配合下，展开声势浩大的夏季攻势，先后解放了龙川、和平、连平、新丰等县城；兴宁、大埔、焦岭、梅县、平远、丰顺等县城也相继解放，东江、韩江连成一片，解放区人口达400万，胜利完成建立解放广东的战略基地的任务。

一、罗村阻击战

在淮海战役中被击溃的国民党军胡琏兵团残部窜到粤东地区，企图在潮汕地区抓兵抢粮后，由汕头出海外逃。据此，中共中央华南分局书记方方发出指示，要求粤赣湘边纵队主力对海陆丰进行攻击之后，抽出机动部队切断东江水陆交通线，相机歼敌。东江南线主力歼击海丰之敌，北线主力歼击有可能西进的胡琏兵团残部，江北部队则向龙门、河源方向移动，配合北线主力相机歼击从化、龙门之敌。

根据这一部署，江北地区的东江第三支队在从化、龙门及博罗一带发起攻势。司令员黄柏率部于6月24日奔袭良口，全歼从化县保安营一个连及3个自卫队100余人。7月14日，东江第三支队独立第三营及第五团、第一团各一部攻克增城正果，歼灭广州警备总队一个大队，俘副总队长江锡全以下官兵160多人。此后，江北地区反动武装纷纷瓦解，地方反动武装先后投降、起义，博罗及龙门县城外围之敌大部分肃清。8月26日，东江第三支队乘敌空虚，发起解放龙门之战，俘敌代理县长谢明轩及自卫总队总队长兼县警大队大队长廖比石以下官兵200余人，龙门宣告解放。北线主力也发起攻势，扫清九连残敌。

在东江南北两线和江北地区取得重大胜利后，根据华南分局关于集中主力，相机攻击河源、惠州之敌的指示，粤赣湘边纵队南线主力在司令员尹林平的率领下，于9月初横渡东江，监视广州至惠阳、河源之水路交通线。而北线主力则由北向南直逼河源，从南北两线威逼、夹击河源、龙门、博罗一带的国民党部队。

此时，集结于博罗、增城、龙门一带的国民党军和保安团队，在东江上、下游遥相呼应，伺机反扑，企图打开南逃通道。为歼灭此敌，粤赣湘边纵队南线主力在解放海丰、陆丰县城后，立即部署围歼。9月6日，尹林平率领粤赣湘边纵队南线主力独立第一、二、三团共4000余兵力从紫金古竹北渡东江。大部队渡江后，独立第一、二团在水华寨、石岗村扎营，负责阻击从惠州、泰美方向前来增援的国民党部队，并监视河源方向可能前来救援的敌兵动态。独立第三团则于柏塘圩侧机动作战，负责强攻围歼圩内的国民党保安营。

独立第三团为前卫团渡江后，会同第一、二营攻打驻观音阁镇的国民党军保安第八团的一个排。观音阁国民党驻军见大军压境，不敢抵抗，全部缴械投降，观音阁宣告解放。

独立第三团在柏塘圩侧扎下营后，团长阮海天、副团长罗汝澄随即率领排以上干部到柏塘圩外围观察地形，经分析研究后，布置了作战任务。一切就绪，粤赣湘边纵队司令部向各营下达了于9月11日午夜向柏塘圩国民党驻军发起总攻击的命令。

驻守惠州的国民党军保安第五师闻讯，立即纠集3000余人由保安第三师师长兼保安第八团团长徐东来率领，从惠州、泰美圩增援柏塘。增援之敌在粤赣湘边纵队南线主力未发动进攻柏塘之前，在泰美罗村十二岭遭遇独立第一团的阻击。

罗村十二岭是丘陵地带，适合大部队回旋运动作战，战斗一开始就打得极为激烈。在团长何清的指挥下，独立第一团连续打退国民党军队的多次冲击，与敌军反复争取山头阵地。粤赣湘边纵队司令部命令独立第二团增援第一团，但因国民党军队的武器装备精良，仍然未能将敌军击退。双方激战至9月13日下午1时，战斗仍处于胶着状态。粤赣湘边纵队司令部立即重新调整战斗部署，三路队伍以迅雷不及掩耳之势攻击国民党军指挥所，使敌失去指挥，全线溃逃。独立第三团第三营在营长刘彪、教导员梁陈华的指挥下奋勇当先，追击溃逃敌军。随后，副团长罗汝澄亦带领警卫排赶到，一举端掉了敌军的指挥所。国民党军指挥所被摧毁，其前线部队失去指挥，在独立第一、二团正面强有力的攻击下，顿时败下阵来，向惠州方向仓皇逃窜。独立第一团政治处主任罗哲民带领部队追击国民党逃军直至三径村；刘彪则指挥所属的第三营一个排乘胜追击直至泰美。

当日下午6时许，罗汝澄下令停止追击，收兵打扫战场。据不完全统计，罗村十二岭阻击战，共毙国民党军保安第十四团团长王亮儒以下官兵100多人，伤敌300多人，俘国民党军保安第十五团第三营营长何家球、第十五团第一营副营长谢罗志以下官兵105人；缴获重机枪5挺，轻机枪15挺，手提机枪5挺，卡宾枪3支，长、短枪100支，枪榴弹100多发，枪榴筒3支，手榴弹数十枚，子弹万余发及军用物资一大批。粤赣湘边纵队南线主力部队8人牺牲，23人受伤。

至此，粤赣湘边纵队南线主力部队从紫金转移到博罗后，在6天之内连续取得蓝田、观音阁、邓堂山、罗村战斗四战四捷的战绩。

罗村十二岭阻击战，是粤赣湘边纵队开展运动战以来取得的一次重大胜利。此役虽然未能歼灭国民党军整团、整营的兵力，但重创国民党军保安第三师第八团和保安第五师第十四团、第十五团三个连，使其在短时间内难以恢复。同时，彻底粉碎了国民党军保安第五师企图接应、会合河源国民党军第一九六师、第一五四师南逃的计划。

二、石坝追击战

为了追歼国民党军第一九六师，1949年9月19日，粤赣湘边纵队北线主力在参谋长严尚民、政治部代主任魏南金的率领下，进入河源县，稍作补给后，立即向埔前、石坝疾进，跟踪追击第一九六师。

9月22日，粤赣湘边纵队司令部获悉国民党军第一九六师在石坝一带集结，即令北线主力部队独立第四团、第六团和直属第四支队穷追不舍，狠狠打击。同时，令北进龙门围歼国民党军第一五四师的南线主力部队独立第一团和第三团，火速由平陵经公庄，翻越桂山，穿过黄山洞，抢先占领黄麻陂、富口坑一带，截击敌军。

国民党第一九六师有1万多兵力逃至石坝一带后，将其大本营设在象岭村朱因纪大屋，一部分兵力部署在紧靠桂山的交椅岭、大桥板以及和盛一带的碉楼和村庄，另一部分兵力部署在广梅公路旁的太记、石坝圩一带，并在集结点周围构筑战壕工事，企图负隅顽抗。据此，粤赣湘边纵队南北线主力部队及东江第二支队等地方武装共1万多兵力，分别部署在国民党部队集结点——东南面的埔前、双头、蓝田一带和西北面的石角村、城陂、富口垅一带，在国民党军集结部队的首尾位置形成了半月形的"拦截网"。

争夺三角岭一带高地，拉开了石坝战斗的序幕，也是石坝战斗中最激烈的战斗场面之一。

9月23日上午10时许，粤赣湘边纵队指挥机关命令担任追击国民党军的北线主力先头部队直属第四支队第一团占领埔前三角岭一带高地，并担任西面攻击敌军的任务。国民党军第一九六师发现三角岭一带高地被占领后，立即对三角岭高地发起攻击，但遭到北线主力直属第四支队的迎头痛击，迅速败下阵来。随后，恼羞成怒的国民党军第一九六师立即以大规模兵力对三角岭高地发起冲锋。激战至第三天拂晓，由龙门赶来的粤赣湘边纵队主力部队独立第一团、第五团及东江第三支队相继投入战斗，分别从敌军左翼侧的交椅岭、和盛、丝茅埔一带向敌军发起进攻。

国民党军第一九六师有一个团的兵力集结在交椅岭、丝茅埔以东、和盛一带。交椅岭，又名鼓岭顶，是石坝一带的制高点，居高临下，虎视石坝一带平川，对北线主力部队威胁极大。部署在石坝北面城陂的独立第一团临危受命，接受强攻交椅岭的任务。

为了迅速攻克交椅岭炮台，击溃敌军，独立第一团抽调两个连的兵力，组成突击队攻击交椅岭炮台。此时，北线主力直属第四支队的一个炮排赶到独立第一团阵地。突击队便在这个炮排及其他部队的炮火和轻、重机枪的掩护下，兵分几路向交椅岭炮台发起攻击。国民党军队在三面围攻下，仍凭借强大的火力死守炮台。突击队冒着敌军密集的炮火，勇猛直前，前仆后继，经过浴血奋战，终于攻克交椅岭炮台。

国民党军第一九六师见交椅岭炮台被占领，左翼防线全线崩溃，三面受到夹击，便仓皇突围，沿着石坝公路向黄麻陂方向南逃。当国民党军第一九六师的前头部队遗逃到石坝坦田岗时，遭到担任后卫、防守在石坝富口垅一带的独立第三团第三营的迎头痛击。各主力部队利用各种有利地形作掩体，对国民党军队进行坚决的围追堵截。第一连连长李忠、指导员朱华沉着应战，指挥全连战士打退了敌军的多次冲锋。国民党军队不断地对第一、二、三连阵地发起攻击，枪弹和炮弹如雨点般落在各连的阵地上。卫生组组长杨英、卫生员何莲英英勇地在阵地上抢救伤员。当敌军向第一连左翼蜂拥而来时，教导员梁陈华亲自指挥机枪班以强大火力压制敌军，掩护第一连撤出战斗。独立第三团第三营撤出战斗后，占领富垅村前面的丘陵山地，牵制了敌人。

与此同时，粤赣湘边纵队北线主力独立第四团、第六团及直属第四支队和南线主力独立第一团、第二团在埔前与石坝一带尾追国民党军队，东江第三支队也同时出击，形成了钳形攻势，紧紧地钳住敌军。粤赣湘边纵队南北线主力部队尾追国民党逃军至黄麻陂一带时，因当地多为开阔的平川及河汊，前进不易，而国民党军保安第三师、第五师又从惠州北上赶到支援，因而国民党军第一九六师大部分得以逃脱。

据不完全统计，石坝追击战共毙敌副团长以下官兵300多人，俘敌营长以下官兵40多人，伤敌100多人，缴获各式轻、重机枪3挺，冲锋枪15支，长、短枪近百支，战马4匹，以及各式炮弹、子弹、军用物资一大批。粤赣湘边纵队南线主力部队连长王球、直属第四支队排长李金焕及战士黄明、潘胜等数十人牺牲。

石坝追击战，是由粤赣湘边纵队司令部组织和统一指挥，由北线、南线主力部队和所属支队协同作战而进行的一次最大规模的战斗。此役另一个亮点是，博罗和河源人民踊跃支前、军民合作、同仇敌忾、众志成城。石坝战斗从9月22日至28日，历时六昼夜，敌我双方各投入万人以上的兵力，地点以博罗石坝为中心，东起埔前，西至黄麻陂，北自桂山南麓交椅岭的12千米狭长平原地带，是对国民党军第一〇九军第一九六师的大规模追击战。经过反复交战，击溃国民党军第一九六师，使其撤退到杨村与第一五四师会合南逃的计划彻底破产。此役虽未能聚歼国民党军第一九六师，但阻滞了其南逃的进程，打破了国民党广东军事当局在广州北部构筑外围防线的部署，为南下大军围歼残敌、解放广州赢得了时间和战机。

第九节 博罗县全境解放

东江第三支队所部积极展开攻势，配合人民解放军野战部队解放广州的作战行动。1949年10月11日，国民党博罗县县长张希贤（1949年8月19日上任）率领县政府机关人员、县警察部队乘船沿东江西逃。14日下午5时，粤赣湘边纵队第三支队司令员黄柏率领独立第三营一个连及独立第一团，配合粤赣湘边纵队独立第三团团长丘松学、两广纵队第二师第二团参谋李国荣进抵博罗城。随后，博罗县委、博东县人民政府迁驻博罗城。15日凌晨，东江第三支队第一团的先头部队参谋部由参谋长李民率领侦察员及工作人员抵达博罗城，与事先派到城内策动国民党博罗县联防大队大队长曾景阳起义的邓尧、李生会合，接管维持博罗城的治安。16日，东江第三支队第一团进抵博罗城，博罗全境解放，并举行隆重的入城仪式。是日为博罗县解放日。

博罗解放后，成立博罗军事委员会，曾光任主任，张奕生任副主任，负责接管工作。

10月16日，国民党军第一五四师、国民党博罗县政府分别在龙华、石湾等地被人民解放军包围。黄柏写信劝敌投降，国民党军第一五四师副师长郑萌桐、国民党博罗县县长张希贤接信后，于18日率部3329人在鸡心岭附近向人民解放军两广纵队投诚，接受和平改编。

　　为了配合江北全区的斗争形势，从1949年5月开始，中共博罗县地方组织作了多次调整。5月，设立中共博西县工委，由徐文、王国祥、丘继英组成，徐文任书记。6月，在博东县人民政府成立的同时，撤销中共河东县委，成立中共博东县委，由刘汝琛、何欢、曾光、张奕生组成，刘汝琛任书记。7月，中共博西工委、博东县委合并，正式成立中共博罗县委，由徐文、何欢、曾光、张奕生、丘继英组成，徐文任书记。博罗全境解放后，中共博罗县委和博东县人民政府迁驻博罗城，并再次作出调整。10月29日，博罗正式建政，中共博罗县委由曾光、何欢、张奕生、林石群、钟奇组成，曾光任县委书记；博东县人民政府改称博罗县人民政府，曾光任县长，张奕生任副县长，骆瑜任县政府秘书，李珍任妇女委员，林王惠任副政治委员，吴挺为县工会负责人，隶祥临任县大队大队长，钟成任县大队副大队长。下设宣传部，李莫平、林石群先后任部长；组织部，何欢任部长；武装部，钟奇任部长；建设科，邓子廷任科长；民政科，王真任科长；财政科，吴永孚任科长；经建科，李莫平任科长；文教科，李林任科长；公安局，李民任局长；人民法院，曾光兼院长，曾炎、王民机任副院长。

　　在中国共产党的领导下，博罗县党组织从无到有、从小到大，带领博罗人民同帝国主义、封建主义和官僚资本主义进行长期浴血奋战，终于迎来了革命的胜利，迎来了人民的彻底翻身解放，博罗人民被压迫被剥削的历史宣告结束。博罗人民与全国人民一道，走向一个和平、民主、自由、幸福的新时代。

第五章

魅力博罗　与时俱进

第一节 百废待兴从头越　同心戮力挖穷根

1949年10月1日，人们穿起节日盛装，扭着秧歌，唱着《东方红》《没有共产党就没有新中国》等歌曲，迎来中华人民共和国的成立。

中华人民共和国成立后，博罗人民以极大的欣喜和热情投入社会主义建设，医治战争创伤，在旧中国遗留的烂摊子上重整山河，古老的博罗大地生机勃发。

从中华人民共和国成立到党的十一届三中全会的召开（1949—1978年），大约30年的时间里，博罗和全国各地一样，经历了一段曲折、艰辛的发展之路。在中华人民共和国成立后近30年的岁月里，人们曾经感受到经济迅速恢复和蓬勃发展的喜悦，也饱尝了坎坷和挫折。这30年的发展历程，可分为如下五个时期。

一是恢复发展时期（1949—1957年）。这是国家三年经济恢复期和第一个五年计划时期。在这一时期，由于解放了束缚生产力发展的因素，生产关系获得了巨大变革，广大工人阶级和农民阶级的生产热情空前高涨，从而有力地促进了生产的发展，使博罗国民经济呈现出高速增长的态势。1957年，全县实现国内生产总值6947万元，比1949年翻了一番多。人们意气风发，经济建设蒸蒸日上，社会各项事业欣欣向荣，人民生活水平不断提高，到处洋溢着令人欢欣鼓舞的社会主义新气象。

二是挫折困难时期（1958—1962年）。这是第二个五年计划时期。由于指导思想错误，急于求成，盲目"跃进""赶超"，刮起"高产风"和"浮夸风"，再加上连续三年经济严重困难，博罗和全国各地一样，国民经济遭受严重挫折，人民群众的生活水平大幅下降。这一时期，生产力受到严重破坏，农业生产倒退到20世纪50年代中期水平。由于全民大炼钢铁，导致不少企业下马，工业生产受到严重摧残，处于停滞发展状态，致使1963年工业总产值仅有1241万元，比1956年下降16.8%。1958年、1959年的国内生产总值分别比1957年下降了3.8%、11.8%。

三是调整复苏时期（1963—1965年）。这一时期，博罗认真贯彻落实中共中央提出的"调整、巩固、充实、提高"八字方针和"工业七十条"，全面恢复工农业生产，调整工农业结构，压缩基建规模，精简就业职工，清退城市人员，加强农业基本建设，恢复社员自留地、家庭副业和集市贸易等，有效地扭转了国民经济衰退和人民生活水平下降的困难局面。这一时期全县的国内生产总值年均递增12.3%，出现了全面复苏的好势头。

四是十年"文革"时期（1966—1976年）。这是中华人民共和国成立以来全县经济社会发展遭受打击最长的时期。由于实行"以阶级斗争为纲""以粮为纲""备战、备荒"的方针，全民搞阶级斗争，社会发展徘徊不前，农业生产推行"以粮为纲"的单一经济，把发展多种经营和开放集市贸易当作资本主义进行批判，把农民发展家庭副业当作"资本主义尾巴"割掉，致使农业生产发展缓慢，全县农业总产值10年年均递增仅为2.1%。工业虽先后上了一批新厂，有了一定的发展，但主要是以小化肥、小农机等支农工业为主，故总量规模较小。第三产业因生产资料长期实行配给制而停滞不前。结果国民经济严重失调，发展极为缓慢，物资匮乏，主要生活用品长期凭票供应，加上"文革"对社会主义民主法制的严重践踏及对思想文化禁锢，人民的物质生活水平下降，精神生活也极为贫乏。1976年，全县国民生产总值36527万元，比1965年增长36.9%，11年年均递增仅为2.9%。

五是开始复苏时期（1977—1978年）。1976年10月粉碎"四人帮"之后，从1977年开始拨乱反正，正本清源，期间虽然"文革"的遗毒和"左"的思潮还没有完全肃清，但是正常的生产秩序得以逐步恢复，国民经济逐渐恢复发展。1978年12月，党的十一届三中全会胜利召开，中国进入改革开放的新时代。

改革开放号角响　奋力前行 20 年

　　1978年12月，党的十一届三中全会胜利召开，标志着中国进入一个新的历史发展时期。在改革开放春风的吹拂下，在党的实事求是的思想路线和以经济建设为中心的方针指引下，博罗人民团结奋斗，最终战胜各种困难和挫折，排除各种障碍，不断推动经济和社会发展前进，取得了一个又一个新成就，创造了一个又一个新辉煌。博罗由一个以传统农业经济为主、人民生活水平较低、社会发展缓慢的县份，发展成为以工业为主导、经济综合实力较强、生产力水平较高、外向型经济较发达、社会全面进步、人民生活水平全面进入小康社会的县。

　　纵观改革开放20年，由于这一时期需要解决的历史遗留问题较多，人的思想意识受到来自各个方面的束缚，因而博罗未能搭上改革开放的"头一趟班车"，除农业和农村经济获得较快发展外，整体经济发展仍较缓慢。

　　进入20世纪80年代中期，在全面改革开放的汹涌澎湃的大潮推动下，英雄的博罗人民励精图治，奋起直追，在不到20年（即1984—1999年）的时间里，取得了令人瞩目的成就。

　　第一，经济总量快速增长，经济结构不断调整升级。1999年全县国内生产总值75.83亿元，比1949年增长近70倍。1949年，博罗人均国内生产总值仅有95元，而到1999年已达到9953元，增长了103.77倍。随着经济的快速增长，产业结构得到不断调整和提升。第一、第二、第三产业增加值在全县国内生产总值中的比重由1950年的77.3∶1.4∶21.3调整为1999年的23∶56∶21。

第二，现代农业初露端倪。到1999年底，全县引进外资农业项目208宗，实际利用外资6.66亿美元。1999年，全县农业总产值29.4亿元，比1949年增长了14.2倍，粮食单产从1949年的53公斤提高到1999年的373公斤。粮食、肉类、水产、水果产量分别比1950年增长3.7倍、11.5倍、33.7倍和93.2倍。农业商品率由1978年的38%提升到1999年的78%。博罗的农业正快步迈向现代化。

第三，工业迅速崛起，成为国民经济的主导产业。在改革开放方针指引下，博罗认真实施"工业立县""外向带动"战略，工业迅速崛起，已拥有电子、机电、服装、纺织、医药、皮革、塑胶、建材、食品、饮料等30多个行业，200多个产品系列。1999年，全县工业总产值132亿元，比1949年增长了13倍。第二产业增加值占国内生产总值的比重，从1949年的0.86%，猛升到1999年的56%。博罗的工业已朝着外向型和现代化的方向迅猛发展，成为带动全县经济发展的主力军，成为国民经济的重要支柱产业。

第四，第三产业蓬勃发展，城乡市场日益活跃繁荣。1999年，全县社会消费品零售总额16.92亿元，分别比1949年和1979年增长185倍和16.8倍。交通运输、邮电业保持快速发展。房地产业、旅游服务业应运而生，迅速崛起。

第五，对外开放成绩斐然，外向型经济快速发展。美国、日本、韩国、中国台湾、中国香港等13个国家和地区的投资者在博罗办起了1100多家企业，实际利用资金从1979年的3万美元上升到1999年的1.89亿美元。21年来全县累计实际利用资金12亿美元，年均递增54%。1999年，全县外贸出口总额5.9亿美元，是1950年至1980年累计出口总额的17.8倍。

　　随着经济社会的持续、快速发展，博罗全社会发生了令人瞩目的变化：基础设施日臻完善，城乡建设日新月异；社会各项事业获得长足发展，人民生活水平显著提高；精神文明建设硕果累累，民主法制建设不断加强。

第三节 高歌猛进换新颜　大步跨进新时代

　　博罗县委、县政府在以习近平同志为核心的党中央的坚强领导下，坚定不移、砥砺奋进，推进高质量发展，扎实推进供给侧结构改革，着力在"破、立、降"上下工夫，大力实施创新驱动发展战略，在改革开放前20年急起直追取得伟大成绩的基础上，再用20年时间高歌猛进，到2018年止，博罗在社会面貌、经济建设等方面都发生前所未有、翻天覆地的变化。

　　第一，高质量发展态势正在形成。

　　在复杂多变的国内外形势面前，博罗县委、县政府坚决把战略重点转移到拼质量、拼效益、拼生态上，努力开创经济向高质量发展转型的新局面。2018年实现地区生产总值650.18亿元，与1998年比（下同）增长5%；人均地区生产总值60714元，增长5%；城乡居民人均可支配收入2.75万元，增长9.9%。

　　财政质量明显提升，2018年完成税收收入90.92亿元，增长22.6%；实现一般公共预算收入44.77亿元；税收收入占财政收入比重达72.2%，比上年提高10.5个百分点。金融市场保持安全稳定，金融机构人民币存贷余额分别达657.84亿元和467.55亿元，分别比上年增长14.4%和29.1%。

　　发展后劲进一步增强。2018年全年安排重点建设项目72宗，完成年度投资65.34亿元；新引进项目59宗，总投资170.71亿元，实际利用外资1.36亿美元。

科技创新能力不断提升。2018年新增高新技术企业62家，比1998年增长46.6%；规模以上工业企业研发机构比例提高到46.3%。建成首个博士后科研工作站和博士后创新实践基地。积极开展专利布局行动，全年累计专利申请量和授权量分别达到3512件和2401件。

第二，现代产业发展水平进一步提升。

工业转型发展水平势头良好。2018年工业技改投资占工业总投资比重达45.3%，比上年提高7.8个百分点。扎实开展"百日攻坚"活动，19宗工业项目完成年度投资25.2亿元。

旅游业等产业发展提速。2018年全年实现旅游综合收入67.2亿元，比上年增长12%，再次获评广东省旅游综合竞争力十强县。2018年全年规模以上服务业实现营业收入24.63亿元，比上年增长3.9%。

生命健康产业大发展格局全面铺开。生命健康产品纳入惠州市"2＋1"产业布局，并成功引进平安集团健康产业项目、岭南药用植物园等项目。南药产业园获评省级现代农业产业园。

实体经济繁荣发展。2018年新登记外资企业106户，比上年（下同）增长76.67%；民营经济完成增加值328.69亿元，增长6%，创造税收67.54亿元，增长27.7%。

第三，生态文明建设成效明显。

加大污水处理力度，2018年全县投入5.74亿元，新建城镇生活污水处理设施4座、农村生活污水处理设施67座，新建配套管网72.7公里。经过努力，全县水环境质量明显好转，沙河水质、公庄水质明显好转。

深入推进生态环境建设。全县共创建省级生态示范镇14个、省级生态示范村2个、市级生态示范村341个，所有行政村均创建市级生态村。

第四，乡村振兴战略扎实推进。

加快发展现代农业。粮食产量连续14年稳产高产。2018年新建高产创建示范片2个、市级产粮大县及粮食高产创建示范片3个；新增农业龙头企业4家、农业专业合作社54家。

加大生态宜居美丽乡村建设力度。2018年全县投入3.85亿元，大力开展农村人居环境整治行动，7个省级贫困村创建示范村工作深入推进。"四好农村路"建设全面启动。村村通自来水工程供水率达99%。扶持村集体经济发展试点工作扎实推进，累计投入2200多万元，启动25个村的建设项目。

脱贫攻坚工作成效明显。2018年累计脱贫4309户8317人，脱贫人口的"两不愁三保障一担当"和"八有"等指标任务均已实现达标，各项扶贫政策全面落实。全县有劳动能力贫困户的人均可支配收入达13991.92元，超过预脱贫标准；贫困村基本公共服务水平显著提升。

第五，民生福祉持续增进。

进一步加大民生投入，积极践行以人民为中心的发展思想，全年民生支出62.37亿元，占一般公共预算支出73.34%。

进一步加强就业和社会保障。2018年新增就业人员10206人，转移农村富余劳动力2510人；城乡居民基础养老金、贫困残疾人生活补贴和重度残疾人护理补贴标准，都有了不同程度的提升。

各项社会事业全面进步。在全市率先制定了卫生人才发展三年攻坚规划，建立健全引才、留才长效工作机制。实施全民免费体检，受益人数达38.6万人。深入开展爱国卫生运动，新创建市级卫生镇1个、市级以上卫生村85个。大力发展文化事业，县图书馆获评国家一级图书馆，行政村（社区）综合性文化服务中心建设实现全覆盖。

老区初现新面貌　措施得力添干劲

一、补齐短板强弱项　主动担当敢作为

在博罗，人们习惯以罗浮山为中心，罗浮山以西为博西片区，罗浮山以东为博东片区。博东片区80%以上是革命老区，包括：长宁、横河、柏塘、公庄、麻陂、石坝、杨村、杨桥、平安（已与柏塘合并）、泰美。由于地理位置等原因，博东地区的发展比博西地区缓慢，有个别乡镇同博西地区的差距越来越大。

经过近几年的调查研究和反复论证，博罗县领导班子认识到，博东片区虽然比博西片区落后，但有很多优势和资源，通过公共服务均等化水平提升、环境改造、生态环境优化，练好内功，博东片区完全有可能成为博罗下一轮爆发的发力点。

改革开放以来，特别是十八大以后，博罗老区有了长足的发展，各方面有了令人瞩目的变化。2018年，博东片区实现国内生产总值33亿元，同2017年相比增长9%，增速比全县平均水平高出1个百分点。

令人高兴的是，博罗县已经找到让革命老区同经济较发达地区同步前进的"钥匙"：补短板、强弱项。什么是短板？哪些是弱项？总体而言，短板和弱项就是交通设施滞后、配套不完善。这制约包括老区在内的全县经济的快速发展。为此，博罗县已启动15个重点项目，总投资68亿元。其中江南大道、双龙大道已于

2020年9月建成通车。江南大道是连接惠城、博罗和仲恺的快捷通道,双龙大道沟通了长宁、华龙、龙溪之间的交通联系,同时又是博罗通往东莞的主要出口通道之一。这两个交通基础设施建设重点项目的建成进一步推进沿东江经济带的镇(街道)与周边地区的对接。同时,博罗县投资11亿元的高铁配套工程项目已经动工,高铁博罗北站将于2021年完工,广汕高铁、赣深高铁博罗站、罗浮山站将于2022年完工。此工程完成后,博罗乡镇的经济发展将会插上腾飞的翅膀!

二、开创发展新天地　措施得力干劲添

为了确保实现在2020年全面进入小康社会这一伟大艰巨的任务,博罗县90万干部群众加大力度,迎难而上,毫不动摇地贯彻执行精准脱贫所实施的行之有效的措施。

一是实施"村村有物业,户户有就业,年年有分红"的工作思路。

2012年,惠州市委、市政府经过调查研究,提出脱贫奔康的工作思路:村村有物业,户户有就业,年年有分红。博罗经过几年的扶贫工作实践,认为这是一条从实际出发、行之有效的脱贫措施。博罗的贫困村、贫困户在实践中尝到了甜头。2011年,博罗县扶贫办把省、市、县拨给该县贫困村的扶贫款共2000多万元全部集中起来,作为本金投入长宁镇农贸市场的升级改造。完工后分得的20多个铺位交由农贸市场的物业公司经营和管理。到了年终,每个铺位可得红利约3万元,贫困户每户可分得红利约5000元。县扶贫办的同志说,这一思路得到全县贫困村、贫困户的欢迎。希望加以完善,继续实施下去,为精准扶贫再添一臂之力。

二是不断完善"产业扶贫"措施。

产业扶贫涉及农村千家万户,是最实用、最有效的扶贫措

施。在政府和全社会的支持下，村民根据市场需求，从本地的实际出发，因地制宜，实施"一乡一品""一村一品""一镇一品"工程。经过10多年的扶持、经营，产品的产销量已形成一定规模，成为老区群众致富的产业，如平安镇（已同柏塘镇合并）的平安大桔、柏塘镇的柏塘山茶、石坝镇的三黄胡须鸡、罗浮山的荔枝、观音阁的黑糖等等。这些产业成为驰名品牌，销售量不断攀升，是老区群众特别是贫困户的脱贫致富法宝。在商品大潮的推动下，农村各种专业合作社如雨后春笋应运而生。这些专业合作社不仅从事产品的收购、销售，还涉足种植管理等生产过程的各个环节，让农户吃到了"定心丸"。据不完全统计，这样的合作社在博罗县已经发展到100多个。有了产业支持，2017年，博罗县圆满完成年度脱贫攻坚任务，脱贫出列人口3768户、5651人，人均可支配收入达8500元。

三是大力推行"特色产业"扶贫。

在博罗县，提起特色产业，人们自然会想起两大项目：一个是光伏发电，另一个是航天科技。光伏发电在博罗发展较早、较快，具有一定规模，群众也从中获益匪浅，成为贫困户的一大经济来源。航天科技是航天器把南瓜、西红柿、辣椒等种子带上太空，然后播种在大地，成熟时结出千奇百怪、色彩纷呈、惹人喜爱的奇花异果，一来可以食用，二来可以观赏。如长宁镇的松树岗村引来外资，建起了占地上万平方米聚休闲、饮食、观赏、购物等于一体的航天公园，每逢节日，深圳、广州、东莞、增城等地的游客纷至沓来，络绎不绝。像这样的航天科技馆（园）在博东地区不下10个。村民一方面在家门口的科技馆（园）上班，另一方面又在土地出租分红中受益，可谓一举多得。

2016年，博罗县统筹资金利用航天农业技术示范建设光伏项目，实现农业和光伏项目互补扶贫，已实施扶贫项目1100个。

四是继续抓好技能培训，拓展就业渠道。

抓好对农民工的培训工作是拓展农民工的就业渠道、提升农民工的劳动收入的重要途径之一。加强面向贫困人口的职业培训、就业服务，同时鼓励国有企业、民营企业优先吸纳贫困人口就业，多渠道促进有劳动能力的贫困人口务工就业，增加工资性收入，是博罗县扶贫单位的一项经常性工作。多年来，他们举办各式各样的短期培训班，2017年以来，举办东江菜烹饪培训班，很受学员和用人单位的欢迎。经过培训，农民工的工资收入比培训之前有所提升。他（她）们省吃俭用，勤勤恳恳，把工资寄回家里，或帮补家用，或支持兄弟姐妹读书深造，有的甚至帮助家里摘掉贫困户的帽子。

五是继续发挥"旅游+"优势，做好旅游这篇大文章。

博罗旅游资源丰富，风光绮丽，得天独厚。由于博罗县政府不断加大对旅游业的投入，旅游设施不断升级，旅游收入也不断攀升，旅游从业人员不断增加，生活不断改善，旅游业逐渐成为贫困户捧在手中的"金饭碗"。尤其是近年来各地、各镇因地制宜、创新开发，推出"旅游+红色文化+健康养生+民俗风情"的新模式，并且使各要素融合发展。可以肯定，美丽生态环境撬动"美丽经济"，依托农业现代化，形成旅游、红色文化、体育的融合发展，未来路子越走越宽广，前景越来越美好。

老区人民多壮志　敢教日月换新天

具有光荣革命传统的博罗老区人民没有躺在前辈的功劳簿上"等靠要"，而是在各级党政机关的领导下，在全社会的关心支持下，继承和发扬革命光荣传统，自力更生、艰苦奋斗，一步一步地改变家乡的落后面貌，和全国人民一道进入小康社会。

走进博罗县湖镇黄塘村，洋楼、庭院、红花、绿叶，透露出江南浓浓的乡土气息。"黄塘是我家，建设靠大家""看得见山，看得见水，记得住乡愁"等醒目标语，映入眼帘。

三年前，人们记得黄塘村没有一条平整的村道，更没有村道两旁的香花和绿树，村子里到处是垃圾，污水横流。如今，村道修起来了，路灯亮起来了，环境整洁了，配套设施完善了，给人的感觉十分舒心和惬意。

黄塘村在新农村建设之初就做出了清晰的定位：打造山水、田园、诗意、慢生活，成为城市人的容身栖心之地。问起黄塘村的成功秘笈，黄塘村党支部书记、村委会主任何毅峰认为，乡村振兴的关键是人心振兴。要坚决走群众路线，让群众理解、支持，并参与进来，只有这样，新农村建设才能落实到位。

以前，村里一穷二白，工作很难开展，干部和群众的心不往一处想。当时，村党支部克服重重困难，自筹资金，把一座透风漏雨的废弃小学校房屋改成村委办公楼。村委办公楼建了起来，

"两委"班子成员更加团结了。

几年来的实践证明，以党建促发展是农村工作的不二法门。干部以身作则，奋战在新农村建设的第一线。在"三清三拆三整治"工作中，干部带头把自己破旧的老屋拆掉，起到了非常好的示范作用。

在村口，黄塘村的村标恢宏大气。很难想象，村标所在位置曾经是一间破旧小屋。当初屋主死活不让拆除，是村干部三番五次地做屋主的思想工作，通过摆事实、讲道理，最后使屋主心服口服，表示支持、配合，并在规定的时间内清拆。

在村支部的带领下，黄塘村成立了4支志愿服务队：党员服务队、巾帼服务队、青年突击队和中小学生服务队。村民自愿参加、相互扶持、相互影响，特别是中小学生服务队，看到村道上有垃圾就捡起来放进垃圾箱。

看着村子越来越靓，大家的心里都很自豪，也更自觉主动地参与到村里的大小事务当中，希望村子发展得越来越好。

乡村振兴的根本在于产业振兴。黄塘村有山有水，特别是水资源丰富，博罗有名的罗汉泉矿泉水厂就坐落在黄塘村中，村里还有五六百亩鱼塘。未来，黄塘村将做好"水文章"，有计划地引进社会资源，最终实现环境治理与经济发展双赢，谱写乡村发展新篇章。

博罗县石坝镇黄山洞村村民李文华曾是石坝镇黄山洞的建档立卡贫困户。2013年的一天，李文华夫妇在驾驶摩托车回家途中，不幸被一辆大货车撞倒，李文华右大腿骨断裂，李文华的妻子手臂骨头坏死。遭遇意外后，正在读书的小儿子外出打工赚钱养家，不料也发生了交通事故，导致腿骨断裂。家中六口人，年迈的父母常年卧病在床，夫妻俩和小儿子意外致残，大儿子正是读书用钱之时，这个家庭突然失去了主要劳动力，在事故后的两三年里，李文华全家一直沉浸在颓丧之中。2015年，李文华一家纳入当地的贫困户范围。

2017年10月，李文华家庭的贫困状况开始有了转机。

这一年，作为黄山洞村对口帮扶单位，农行惠州分行脱贫攻坚工作队进驻黄山洞村。进村后不久，工作队对当地贫困户进行摸底调查，收集资料，并建档立卡进行名单制管理，对调查摸底中所掌握的情况，逐户进行认真分析研究，把脉贫困根源，对症精准开方。

李文华一家坎坷经历进入扶贫工作队的视野。工作队发现李文华以前养过蜂，有一定的养蜂经验；同时考虑到黄山洞村有大量蜜蜂喜欢栖息的鸭脚木，因此为他制订了脱贫计划，鼓励李文华养蜂创业，并发动单位同事为李文华筹集爱心款，作为启动资金采购蜂箱。2018年春，李文华在大家的大力支持下重拾生活信心，开始养蜂事业。

刚开始还算顺利，但是时间一长问题就来了。虽然李文华有过养蜂的经历，可是之前养蜂用的是老人教的"土办法"，养蜂时留不住蜂皇。这无疑给李文华浇了一盆冷水。得知李文华养蜂遇到了问题，工作队的同志特地从广州请来养蜂专家，并鼓励他积极参加培训掌握专业知识。经过培训，留住蜂皇的难题迎刃而解，李文华的养蜂技能也有了大幅提高。

在扶贫工作队的帮助下，李文华酿的冬蜜逐渐打开了销路。为了扩大产业、提升产值，李文华东筹西借，但是资金不足仍是摆在李文华面前的一道坎。得知这一情况，农行惠州分行又向李文华发放了5万元"免担保免抵押全额贴息"扶贫贷款。有了扩大生产规模的资金，李文华养蜂扩大到200箱。

在农行惠州分行的大力支持下，李文华的汗水没有白流，而是源源不断地浇灌着脱贫致富的希望之花。如今李文华所养蜜蜂一年可以产蜜2500公斤，两个儿子都外出工作了，全家的人均可支配收入提高到16000元左右，已完全脱贫出列。在农行的帮助下，李文华一家六口也从泥砖房搬进新建的楼房。

在博罗柏塘镇洋景村村民张建华、张建林兄弟俩的茶场里，他们会用刚刚制作的新茶来招待客人。茶汤透明，茶香浓郁，喝起来清新滑顺、韵味独特。

张建华开过农用车，在水泥厂做过质检员，卖过水果。2009年9月，他辞去工作，回家种茶。

2013年10月，张建华从朋友那里打听到一位资深茶艺师是制作红茶的好手，决定去拜师学艺。他和弟弟张建林采了100多斤茶青，怀揣1400元，开车上路了。中午1时从博罗出发，一路颠簸。茶青的保鲜期很短，途中要经常翻动以防霉变。当时受台风影响，路况不好，一些山区路段塌方，大石头横在路中。兄弟俩一路走，一路打听，颠簸了10多个小时，才找到半山腰茶艺师的家。第二天，茶艺师让兄弟二人观摩每一个制红茶流程。经过一天两夜的努力，红茶制出来了，张氏兄弟欣喜若狂。回柏塘后，兄弟俩开始自己制作红茶。

2014年4月，兄弟俩购置了制茶设备。随着茶青大量采摘，他们将福建的制茶师傅请出山。师傅用了10多天时间耐心地向兄弟俩传授技艺，并按照兄弟俩对茶叶回味的要求，认真讲解每一个步骤。此后，为了继续提高技艺，兄弟俩像走亲戚一样，每年都要去福建四五趟，认真向师傅请教制茶工艺。如今，经过不断提高、改进，张氏兄弟的红茶制作技艺已日臻成熟；红茶的销路已逐渐打开，价格比起绿茶也有所提升。

为了坚定洋景村村民种茶脱贫致富的信心，2014年秋天，张建华成立洋景村茶叶专业合作社，带领农户一起创收。全村有近40家农户加入了合作社。村民们把收获上来的茶青都交给合作社收购，制作红茶。

假如农户对制作红茶有兴趣，张建华便耐心地教他们，直到教会为止。张建华不仅教村民们制茶，而且毫无保留地传授种茶技艺和管理茶园的经验。

现在博罗柏塘茶叶品牌越打越响，种茶的经济收入也越来越高。不少外出务工的青年人也陆续回到本村改行种茶。

十八大精神结硕果　万千彩笔绘蓝图

　　自党的十八大以来，博罗县委、县政府在以习近平同志为核心的党中央的坚强领导下，坚定不移、全力以赴推进高质量发展，扎实推进供给侧结构性改革，着力在"破、立、降"上下工夫，大力实施创新驱动发展战略，持续深入实施"海绵行动"。如今，绿色已成为博罗经济发展的底色，康养产业、旅游产业、特色小镇等绿色新兴产业正强壮起博罗的经济骨骼。2017年，博罗地区生产总值超过640亿元，同比增长7.4%，位列惠州市第二，连续10年入选"全国县域经济基本竞争力百强"，同时，获评"全国县级文明城市""世界长寿之乡""中国十佳宜居城市""中国十佳深呼吸小城""全国休闲农业和乡村旅游示范县""国家卫生县城"等荣誉称号。

　　近年来，博罗始终坚持生态优先，像保护眼睛一样保护生态，严守生态保护红线，并且通过自己的实际行动证明，经济进入新常态，良好的生态正是引领县域经济新一轮发展的最大优势。同时，利用生态优势为区域发展优势，把绿色化贯穿于经济社会发展的全过程、全领域。博罗正加快形成资源节约型和环境友好型的空间格局、产业结构、生产方式和生活方式，实现"绿水青山"和"金山银山"同频共振。"绿水青山就是金山银山"。目前，博罗正深入开展美丽乡村"三大行动"和绿色城乡

"六大行动"，大力实施大气污染集中防治行动，严格落实河长制，重点开展东江、沙河、公庄河等重点流域治理，全面启动土壤污染治理，全力创建国家生态文明示范县。

值得关注的是，罗浮新区已初步形成。这是继"蓝色引擎"环大亚湾新区、"绿色引擎"潼湖生态智慧区之后，惠州市第三个重大战略发展平台。这个平台将把博罗打造成为世界级康养基地、粤港澳大湾区休闲度假目的地、国内一流的产学研一体化小镇，带动惠州市北部加快发展的增长极，引领惠州市绿色现代化山水城市的建设。

不仅如此，在博东片区，随着赣深高铁博罗段建设加快，博东高铁新城规划在即，未来将发展成商贸核心区、工业产业组团及旅游产业组团，形成高铁枢纽经济圈；在博西片区，已被列入"一带一路"建设重点项目库的广东铁路国际物流基地正在有序推进。石湾物流区、石湾汽车产业园、园洲欣旺达（二期）等一大批重点项目将迅速形成"铁港经济圈"。

近年来，博罗始终把"三农"（农业、农村、农民）工作摆在突出位置，紧紧围绕高质量建设"区城协调发展示范县"目标，按照"抓两头、带中间"的思路，推广实行"3+3+X"美丽乡村清洁先行、清水治污、绿满家园"三大行动"和基础设施建设、公共服务建设、党的基层治理建设"三大工程"；结合各村实际，大力实施乡村振兴战略，成功打造了省级新农村示范片7个示范村、102个星级文明村、273个市级生态村，有力地促进了农业增效、农民增收、农村变美，踊现出松树岗村、观背村、新作塘村等一批社会主义新农村示范村。同时，在脱贫攻坚战方面，圆满完成省规定的"八有"目标，革命老区在内的建档立卡贫困户全部实现预脱贫。农村基础设施建设力度加大，完成村道硬底化300千米，实现行政村100%硬底化，80%以上的自然村道实现硬底化；村村通自来水工程顺利推动，实现全面通水；全县贫困户710户危房改造任务全部完成。2017年，实现旅游综合收入59.98亿元，比上年增长36.2%，连续4年入选"广东旅游综合竞争力十强县"。罗浮山获评"中国天然氧吧"称号。

与此同时，博罗的基础设施日臻完善，城乡建设日新月异，社会各项事业获得长足发展，教育、科技、卫生、文化建设成绩显著，人民的生活水平显著提高，民主法制建设得到加强，社会文明建设硕果累累。

附　录

附录一 **革命遗址和纪念场馆**

一、博罗县总工会旧址

1926年1月，中华全国总工会惠州办事处主任肖鹏魂到博罗开展工人运动，先后建立博罗土木建筑工会，会员有90多人；理发工会，会员有40多人；车衣工会，会员有50多人。随后，建立油业工会等。在建立行业工会的基础上，于同年4月在县城公输庙（今工人文化宫）建立了博罗县总工会，临时负责人为陈广兴。

二、中共博罗县城党团联合支部旧址

中共博罗县城党团联合支部旧址位于博罗县城中学初中部校园内。1927年3月，共产党员韩绍兴经组织批准，从省农会惠州办事处回到博罗城镇小学任教。他以省农会特派员的公开身份，召集在博罗从事农民运动的共产党员温良、邓绍尧、陈少辉，在博罗中学、博罗简易师范学校读书的学生王德章、张翰荣、徐春霖，以及在国民党博罗县党部工作的张国航等4名共青团员，组成博罗县城党团联合支部，隶属中共惠阳地委。韩绍兴为临时书记。

中共博罗县城党团联合支部纪念碑位于县城葫芦岭公园内，2008年10月1日博罗县人民政府成立。

三、博罗抗日自卫大队队部旧址

1938年秋，中共博罗地方组织根据南委和东江特委的指示精神，在共产党员侯公可、李志春的宣传发动下，于黄麻陂乡组织起抗日自卫大队，共有队员300多人，分3个中队、9个小队。队部设在麻陂圩准堤庙。1938年12月初，日军撤出博罗城，黄麻陂抗日自卫大队与博罗战时工作团协助国民党博罗县政府返回县城，参与慰问和救济民众，协助民众重建家园。

四、下马石伏击战遗址

1938年10月18日，博罗城沦陷后，在国民党博罗县政府任军事科科长的地下党员胡展光和刘志远、刘融等人撤退到响水，动员国民党博罗县党部书记长陈洁出面，组织了一支20多人的响水青年抗日游击队，并由胡展光带领，在县城至新作塘之间的梅林村下马石附近对日军进行伏击，打响了博罗人民抗日的第一枪，振奋了人心。

五、东江华侨回乡服务团博罗队队部旧址

东江华侨回乡服务团博罗队队部旧址位于县城环城路下巷。1939年1月，东江华侨回乡服务团远涉重洋回国抗日，在团长梁永思、副团长杨德元率领下，奔赴抗日救亡前线博罗县。团总部设在慎园，开展抗日救亡工作。同年9月，东江华侨回乡服务团第三分团改为东江华侨回乡服务团博罗队，由杨德元任队长，编制30人。抗战时期该旧址被日军烧毁一间，新中国成立后在旧址基础上重建。

六、冯屋之战遗址

1940年5月11日，驻东莞石龙的日军派出骑兵100多人将滘吓冯屋村包围，扬言要进村抓抗日游击队员。在交涉过程中，日军开枪打死该村一名老人，村民奋起反击，据险与日军开战，打退日军多次进攻。日军派出3架飞机前来增援，对冯屋村进行狂轰滥炸，并用机枪扫射，炸毁民房10多间，随后入村大肆烧杀。入夜，日军撤出冯屋村，村民也趁夜色迅速向附近村庄转移。此役，冯屋村民被打死30多人，打伤20多人；日军则被击毙10多人。

七、茹屋村反击战遗址

茹屋村位于石湾镇铁场圩南面的沙河畔。1944年4月3日下午，驻东莞石龙的日军及伪军李潮部共200多人"进剿"茹屋村。东纵独立第二大队15名指战员和130多名民兵，分守村中8座碉楼和3个门楼。他们凭着居高临下的优势和有利地形，击毙日军指挥官，打退敌人多次进攻。从4日傍晚到5日凌晨，茹屋村的军民与数倍于己的敌军战斗了两天一夜，最后全部突围。此役，共击毙日伪军少佐以下70余人，伤敌一批；茹屋村民则有20余名群众惨遭日军杀害。

八、东江纵队司令部旧址

1945年5月，东江纵队司令部、政治部、后勤部等机关迁入罗浮山朱明洞景区的冲虚古观内。东江纵队领导机关抵达罗浮山后，开展了系列革命斗争，使革命的火种在罗浮山一带点燃。至此，罗浮山成为南方敌后抗日武装斗争的指挥中心。

九、东江纵队前进报社的印刷机

1945年5月，前进报社随东江纵队政治部迁到罗浮山。《前进报》是东江纵队机关报，由广东人民抗日游击总队于1943年3月创刊。1945年9月初，按照东江纵队司令部的撤离指示，《前进报》完成了在罗浮山最后一期印刷后，即将印刷机及大量文件隐蔽。前进报社使用的印刷机，今陈列于罗浮山东江纵队纪念馆。

十、博罗县抗日民主政府旧址

博罗县抗日民主政府旧址位于湖镇镇显岗凤安围。1945年6月，东江纵队政治部在罗浮山白鹤观举行增城、龙门、博罗各界人士参加的国事座谈会。7月7日，博罗县抗日民主政府正式成立。通过各阶层代表民主协商，选举韩继元为博罗县县长，下辖新一区（博西区）和14个乡，人口约14万人。东江纵队领导机关撤离罗浮山后，博罗县抗日民主政府机关于同年从凤安围撤出，活动由公开转入地下。

十一、虾塱惨案遗址

1938年10月16日，博罗城第一次沦陷。日军对县城附近的乡村实施"三光"政策，疯狂地烧杀抢掠。同年11月，驻博罗城生鸡头（地名）的日军到附近仙人井村抢掠时遭到伏击，一名受伤日军士兵死于归途中的虾塱村。日军以此为借口，对虾塱村实施报复。11月中旬，日军派汉奸诱骗虾塱村民回村秋收。日军自村头至村尾对村民进行地毯式搜捕，然后集中押至云禾岭，用机枪扫射，随后逐个验尸，凡未死者就再补枪或用刺刀捅死，最后用汽油和柴火焚尸，一共杀害或烧死108名村民。这就是骇人听闻的虾塱惨案。

十二、东江纵队纪念馆

1943年12月2日，经中共中央军委批准，东江地区的惠阳、东莞、增城、宝安等地人民抗日武装，改番号为"广东人民抗日游击队东江纵队"。1945年春，东江纵队司令部设在罗浮山冲虚古观，罗浮山成了南方敌后抗日武装斗争的指挥中心。1946年6月，东江纵队主力北撤山东。为弘扬东江纵队的革命精神，中共博罗县委、县人民政府决定在罗浮山冲虚古观前兴建东江纵队纪念馆。2003年12月建成开馆。

十三、上坪伏击战遗址

上坪位于公庄镇官山村。1949年3月，国民党国防部第二厅独立第二团申江营从增城、龙门紧跟粤赣湘边纵队东江第三支队第二团主力到达博罗，然后纠集增城、博罗、龙门地方反动武装1000余人，从柏塘、横河、平安一带兵分三路向公庄进攻。东江第三支队决定在横河红头岭到公庄的必经之路上设伏歼敌。3月16日，从红头岭来的中路敌军200余人在营长申江的带领下，进入伏击圈，东江第三支队发起总攻，来犯之敌很快就全线崩溃，前后仅40多分钟就结束战斗。敌军死伤或被俘数十人，敌军营长申江缴械投降。东江第三支队牺牲5人，伤7人。当地群众和民兵在这次伏击战中给予了大力支持，如把已下浸谷种捞起来烘干运给部队，甚至把自己的房子腾出来给部队作炮台、掩体，为上坪大捷作出了不可磨灭的贡献。

十四、园洲人民广场烈士雕像纪念园

园洲人民广场烈士雕像纪念园位于园洲镇人民广场。广场上矗立着3座园洲革命烈士雕像，分别是：李源、陈志仁、李文甫。2010年3月，中共园洲镇委、镇人民政府筹资70万元，在人民广场东北角建立了3位革命烈士的雕像，每座雕像底座上都刻有烈士的事迹介绍。2010年4月，中共博罗县委、县人民政府将其列为博罗县爱国主义教育基地。

十五、博罗解放日纪念碑

1949年10月16日，东江第三支队第一团从响水出发，到博罗城举行入城仪式。这标志着博罗县解放，是日被定为博罗解放日。中共博罗县委、县人民政府随即迁驻博罗县城。曾光任县委书记、县长。

附录二 **博罗英烈　名垂千古**

李源

李源（1904—1928），博罗县园洲禾山李屋村人。1919年，李源15岁就到香港谋生，在昌兴公司一艘轮船上当海员，1921年由苏兆征介绍加入中华海员工业联合总会，1924年加入中国社会主义青年团，先后参加了香港海员大罢工和省港大罢工。1925年秋，由苏兆征介绍加入中国共产党，曾任中华海员工业联合总会中共支部书记。1927年4月，任中共广东省委特派员。1928年2月，受广东省委派遣，到海南岛工作，出席中共琼崖第二次代表大会，当选为中共琼崖特委书记。1928年5月以后，历任中共广东省委常委、省委代理书记、省委书记，是中共六大代表（未出席会议）。1928年秋，李源秘密前往粤东传达中共六大决议，指导党的工作，当抵达大埔三河坝时不幸被国民党民团逮捕杀害，年仅24岁。

罗焕荣

罗焕荣（1900—1927），博罗县埔前乡（今属河源市）下村人。1924年春，罗焕荣考入黄埔军校，是徐向前元帅军校第一期的同窗学友。1925年2月，随部参加国民革命军第一次东征，先后参与了淡水、白花、平山等重大战役。同年10月，参加国民革命军第二次东征，在攻打惠州时受伤，伤愈后与徐向前等留在黄埔军校当教官。1926年，受中共广东区委军事部部长周恩来派遣，罗焕荣到惠阳县平山区（今属惠东县）农军大队部任教官，后任平山联防办事处和平山联防义勇军军事总指挥。1927年4月，根据广东区委的指示，组织第二次平山起义，罗焕荣任起义总指挥，但因力量悬殊，起义再次失败。罗焕荣不幸被捕，但他坚贞不屈，临刑前高呼："中国共产党万岁！"牺牲时年仅27岁。

陈志仁

陈志仁（1906—1928），博罗县园洲马嘶村人。1924年加入中国共产党。1925年7月，陈志仁考入黄埔军校。10月，奉周恩来之命，提前毕业随国民革命军第四军南征。1927年四一二反革命政变后，为了保存革命力量，陈志仁按照周恩来的指示，撤离第四军，几经周折，于同年9月回到家乡隐蔽。1928年1月，陈志仁任中共石龙市委书记，根据广东省委的指示，策动石龙国民党驻军第五军第十三师一个团起义，举行石龙暴动。2月，参加第六届广州农民运动讲习所学习。5月24日，即将举行石龙暴动时，石龙市委被破坏，陈志仁等被捕，在狱中受尽酷刑，被砍掉10个手指头，但他坚贞不屈。5月27日，陈志仁在石龙火车站附近英勇就义，年仅22岁。

罗其屏

罗其屏（1905—1927），博罗县埔前河背上下罗村人。1924年秋，罗其屏考入上海同德医学院。1925年，与青年学生一起参加五四运动。1926年，在广州就读中山大学时，由青年团员转为中国共产党党员。1927年，国民党右派发动四一二反革命政变，以暴力手段进行反共"清党"。4月15日，以罗其屏与共产党员毕磊为首的300多名中山大学师生被捕。罗其屏被捕后，在狱中受尽酷刑，但他坚贞不屈。1928年春，罗其屏被国民党右派捆住四肢扔进白鹅潭，牺牲时年仅22岁。

尹林枫

尹林枫（1915—1946），广东顺德人，出生于香港。早年在香港参加抗日救亡组织"余闲乐社"。1938年加入中国共产党。1941年，参加广东人民抗日游击队宝安大队，先后担任小队政治服务员、政训室保卫干事。后调任东宝行政督导处司法科科长、保卫科科长。东江纵队成立后，任第一支队政治处保卫股股长。1945年，从东莞调到江北指挥部，随博东桂山区麻陂武工队开展活动。1946年1月，尹林枫奉命去公庄执行任务，在途经杨村镇显村峡石坳时被叛徒钟观宝杀害，年仅31岁。

熊芬

熊芬（1922—1945），原名熊兰英，梅州市梅江区三半坑人，出生于印度尼西亚。1938年参加革命工作，1939年4月加入中国共产党。1944年到博罗工作，随东江纵队增龙博独立第三大队活动。1945年6月，任博罗龙溪结窝交通站站长。同年6月9日，由于叛徒出卖，熊芬和3位交通员不幸被捕。面对敌人的严刑逼供和怀柔拉拢，熊芬宁死不屈，最后被杀害于东莞桥头镇东岸圩东江河畔的木棉树下，并被抛尸东江，年仅23岁。

谭家驹

谭家驹（1915—1941），广东惠阳人。1933年，谭家驹考入中山大学。1937年加入中国共产党，参加与组织广东青年抗日先锋队，是广东青年运动的骨干分子。1939年，任博罗县第二区区长。1940年，参加广东人民抗日游击队。1941年9月，谭家驹在东莞被汉奸地主武装杀害，年仅26岁。

胡展光

胡展光（1909—1940），广东惠阳人。1929年，胡展光考入燕塘军校。1933年后，历任国民党军队排长、连长，并加入中国共产党。1938年10月脱离国民党军队，参与组建惠宝人民抗日游击总队，后奉命任国民党博罗县政府军事科科长、中共博罗县委武装部部长、东江游击指挥所第三游击挺进纵队独立大队副大队长。1940年4月，胡展光被国民党东江当局杀害于惠州，年仅31岁。

邱凤阳

邱凤阳（1909—1947），博罗县响水人。1939年组织抗日队伍，任中队长，并与胡展光一起，争取和改造陈文博土匪武装，建立新编独立大队并任副大队长。1945年9月在横河何家田战斗中负伤，被组织转移到香港就医。1947年4月，邱凤阳在香港被捕，后被引渡到东莞行营监狱，被国民党当局杀害。

丘平

丘平（1926—1946），又名丘碧秀、陆平，梅州市梅县区城东谢田村人。1944年秋参加东江纵队，同年10月加入中国共产党。1945年3—4月，随东江纵队政治部到罗浮山开展革命工作。同年9月，任东江纵队民运队队长，到横河何家田开展工作。1946年春，江北指挥部为加强象头山方面的力量，决定调丘平到象头山民主独立大队，负责民运工作。同年3月18日，丘平奉命向象头山转移，在途经柏塘寨西溪村时遭到国民党军队伏击，壮烈牺牲，年仅20岁。

黄新平

黄新平（1931—1948），广东惠阳人。1947年参加革命，1948年加入中国共产党。历任江北支队第一团黄虎大队副班长、班长、副排长、第一团警卫员。1948年反"清剿"斗争，黄新平在护送中共博罗县委组织部部长何励时，与敌人遭遇激战受伤后，仍设法吸引敌人火力，在掩护领导和战友安全脱险后壮烈牺牲，年仅17岁。

1922年

秋，罗其屏就读于广州市英语补习学校，并参加阮啸仙等领导的广州进步学生组织"新学生社"。

是年，李源参加苏兆征、李伟民等发动的香港海员大罢工。

1923年

是年，共产党员罗蓬岛、李甘心到博罗县公庄獭子小学任教，开展学生运动。

1924年

春，罗焕荣考入黄埔军校，并在军校期间加入中国共产党。

5月，博罗县农民运动骨干罗仕荣代表博罗参加第三届广州农民运动讲习所学习。

6月19日，李源参加省港大罢工。秋，李源加入中国共产党，后担任中华海员工业联合总会支部书记。

7月下旬，陈志仁考入黄埔军校。

9月，博罗县农民运动骨干温良、邓绍尧、陈少辉3人参加第五届广州农民运动讲习所学习。陈志仁被分配到国民革命军第四军政治部任组织股股长，随第四军南讨邓本殷部。

10月9日，国民革命军东征先遣部队抵达博罗城。10日，东征军总政治部主任周恩来率东征军宣传总队到达博罗，受到博罗人民群众的热烈欢迎。

10月11日，中共惠州特别支部成立，朱棋任书记。

10月14日，东征军占领惠州城。

12月13日，国民党博罗县党部成立。

冬，广东省农民运动特派员戴耀田、古柏桐，指导员王伯洪、黎孟持，到博罗县蓝田一带进行革命活动，组织成立蓝田乡农民协会，黄乾九任会长。同时，建立农民自卫军常备队。

1926年

1月，中华全国总工会惠州办事处成立。以肖鹏魂为主任，基层工会30个，会员7800多人。

春，戴耀田、王柏桐等到观音阁的吉石、棠下、南坑、沙岭4个村开展宣传农民运动工作，组织发动4个村成立农民协会。

春，惠州中学博罗籍学生韩耀洪（韩绍兴）在中共组织的指导下，加入中国共产主义青年团并很快转为共产党员和组织新学生社。

春，黄埔军校第四期政治教官罗焕荣担任广州农民运动讲习所和省港大罢工工人纠察队军事教官。

2月3日，博罗县各乡农民协会、工会、商民协会、新学生社，各党部、各学校等10多个团体，共1000多人，在县城高等小学校召开反日运动大会。

4月，广东省农民运动特派员古柏桐到公庄开展农民运动，在公庄桔子村成立吉水围农民协会。随后，白沙岗、鸭麻埔、田心等村也相继成立农民协会。

6月下旬，古柏桐发展骆瑜、张国航、张华、朱翰、吴超明加入中国共产主义青年团，并成立共产主义青年团公庄小组，骆瑜任组长。

　　秋，博罗县第一个党小组——中共博罗城小组成立，由温良任组长，组员有邓绍尧、陈少辉。

　　秋，博罗县农民协会筹备委员会成立，温良为临时负责人。

　　秋，博罗县第三区（公庄）农民协会成立，骆瑜任书记，第三区农民自卫军常备队同时成立，古柏桐任代理队长。

　　秋，香港党组织派党员郭华（郭敬华）、梁九、罗群等到园洲发展党组织，开展农民运动。绿兰的寮仔、李屋、梁屋等村建立起农民协会。

　　10月16日，龙门茅岗大土匪罗卓山父子等10余人窜到桔子圩为非作歹。古柏桐率农军击毙桔子圩土豪黄连古，活捉并处决罗卓山父子。

　　冬，中共园洲绿兰党小组成立。

1927年

　　3月，中共博罗县城党团联合支部成立，韩耀汪为临时支部书记。

　　4月16日，前往惠州参加紧急会议的韩耀汪，目睹惠州"四一六"大搜捕，于是乔装脱险赶回博罗，立即组织共产党员、共青团员疏散撤离。张国航来不及转移，被国民党当局逮捕。

　　4月17日，胡谦部属刘宗藩团在博罗蓝田乡发动反革命大屠杀，烧毁民房70多间，杀害农军骨干和自卫队员30余人。

　　4月下旬，惠州"四一六"事件发生后，公庄官僚、地主勾结国民党博罗县政府进行"清党""清乡"，拘捕农会负责人，强行解散农会。

　　4月下旬，国民党张发奎部在园洲镇压农民动动，绿兰梁屋和李屋的梁灿、梁云虎、梁大、李聚等多名农会会员被杀害。

4月下旬，中共两广区委改组为广东省委，李源任广东省委特派员。

8月，惠（阳）紫（金）河（源）博（罗）地方委员会（又称特别委员会）成立，蓝璇均任书记。

冬，园洲地区党组织重建，陈志仁为负责人。

1928年

1月1日，中共石龙市委在博罗园洲成立，陈志仁任书记。

1月—2月，广东省委全体会议在香港举行，李源被选为中共广东省委常委。

2月，广东省委派李源、黄雍到海南岛指导工作。中共琼崖特委在乐昌县召开琼崖党的第二次代表大会。大会选举产生新的特委领导班子，李源任特委书记。

4月13日，李源出席广东省委在香港召开的扩大会议并当选为中共广东省委常委。

5月，李源代理中共广东省委书记，7月任中共广东省委书记。

6月，中国共产党第六次全国代表大会在莫斯科召开，李源被选为中央委员。

6月，中共石龙市委被国民党破坏，陈志仁、麦金镛等人不幸被捕，27日，陈志仁等人被杀害。

8月初，中共广东省委书记李源到广东东江巡视，传达中共六大精神。

9月，李源从丰顺前往大埔，途经三河坝渡口时不幸被捕，在狱中被秘密杀害，年仅24岁。

1929年

6—7月，东江特委在丰顺县召开东江党员代表大会，贯彻中共六大和广东省委第二次扩大会议精神。大会改选东江特委领导机构，卢济任特委书记。

11月，中共广东省委常委、省委军委书记聂荣臻到东江巡视工作。

1930年

5月30日，惠州十属（惠阳、博罗、海丰、陆丰、紫金、龙门、河源、和平、连平、新丰）工农兵代表大会召开。会议根据广东省委指示，海陆惠紫革命委员会改为东江苏维埃惠州十属特别委员会。

1931年

7月，中共惠（阳）紫（金）河（源）博（罗）地委成立，陈允才任书记。

8月，两广临时省委派袁策夷(袁仲贤)出任中共东江军委书记，主持"肃反"工作。

1932年

5月26日，中共惠紫河博地委发出《为严重灾荒告惠属各县工农劳苦群众书》。同日，惠州革命委员会发出《为"五卅"七周年告工农兵劳苦群众书》。7月12日，惠紫河博地委发出《夏收斗争口号》，号召工农兵劳苦大众起来抗租抗捐，没收地主、富农的粮食救济饥荒，以罢工、罢课、罢市、示威游行纪念五卅运动。

1933年

1月，东江特委召开扩大会议，改组东江军委，朱炎任主席。

春，博罗仍图党小组成立。

1935年

6月，东江特委遭受彻底破坏而解体，分散于各地的游击小组和基层党组织先后被破坏，东江革命根据地遂告丧失。

1937年

9月，中共南方工作委员会成立，由张文彬任书记。

12月，中共南方工作委员会派共产党员刘志远到博罗开展活动。

1938年

2月，博罗党组织派人打入第二战区（博东）组织"红心白皮"区政府（区公署），由进步人士肖侠公任区长。

春，中共南方工作委员会派共产党员刘书中、张绍球到博罗开展活动。

春，蓝田农民抗日联合会成立，黄乾九任会长。

4月，中共广东省委成立，张文彬任书记。

4月，广东省委派刘融到博罗，安排在县政府筹办《博罗公报》。

4月，中共广东省委宣传部长饶彰风到东江地区检查工作，组建中共东江临时工作委员会，彭泰农任书记。

5月，中共博罗县城支部成立，黄健任书记。

夏，联和随军杀敌大队成立，郑季成任大队长。

7月，刘志远发展黄麻陂乡中心小学校长李志春加入中国共产党。李志春是抗日期间博罗县发展的第一个党员。

7月，在博罗县城支部的基础上，成立中共博罗特别支部，刘融任书记。

7月，徐文等一批在广州、博罗、石龙等地读书的进步爱国青年学生回到博罗福田，组织福田抗日后援会进行抗日宣传活动。

秋，黄麻陂抗日自卫大队成立，李蔚青任大队长，队员有300多人。

10月12日，入侵广东的日军4万余人在惠阳大亚湾登陆。

10月13日，日机轰炸博罗城，共产党员刘融组织由黄金镛、张绍辉、韩继元等10多人组成的战时救护队，开展救护工作。

10月，博罗战时工作团成立，黄金镛任团长，张绍辉任副团长，全团共20余人。

10月14—15日，日军飞机80多架次对博罗城进行轰炸。炸毁民房、店铺无数，伤亡数十人。博罗战时工作团成员分成3个小组指挥群众疏散，抢救受伤民众，协助维持秩序。

16日，日军入侵博罗城。博罗城第一次沦陷。

10月18日，胡展光、刘志远、刘融等人撤退到响水，通过陈洁组织一支有20多人的响水青年抗日游击队，由胡展光带领，在新作塘下马石伏击日军，打响了博罗人民武装抗日的第一枪。

11月，日军包围虾塱村，屠杀村民108人，制造了骇人听闻的虾塱惨案。

1939年

1月初，博罗县战时军事政府成立。

是月初，东江华侨回乡服务团第三分团成立。梁永思任团长，杨德元任副团长，在博罗、增城开展抗日救亡工作。随后，马来西亚、新加坡等由南洋爱国知名人士资助组成的"两才队""文森队""吉隆坡队"等回国抗日救亡团体也陆续抵达博罗。

东江华侨回乡服务团第三分团、广东青年抗日先锋队东江区队和博罗战时工作团组成"联合司令部"，统一开展博罗县的抗日救亡工作。

是月，阮海天领导的增城抗日自卫团第三区常备队开进博罗，配合福田抗日自卫队活动。博罗党组织先后派谢阳光、郭大同、赵学、李成等参与队伍领导和训练，并在部队建立中共支部，阮海天任书记。

1月25日，驻增城的10多名日军骑兵进犯福田联和乡葫芦凼村，联和乡民众对其进行伏击，毙伤敌7人。

2月，中共东江特别委员会成立，尹林平任书记。

春，蓝田抗日自卫中队成立，黄兆平任中队长。

春，东江特委先后派杨凡等9位从延安中国人民抗日军事政治大学返回广东的军事干部到博罗县开展武装斗争。

3—4月，东江特委以东团的名义，在黄麻陂乡举办为期一个多月的东团青年干部培训班。

4月初，东江特委派李健行以东团第三分团团员的身份到博罗县组建中共博罗县委。

4月，国民党博罗县政府下令解散战时工作团。

5月中旬，中共博罗县委在博罗城罗阳书院正式成立，李健行任书记。

5月，中共博罗县第二区区委在显村成立，刘汝琛任书记。

夏，东团在博罗中学召集"文森队""两才队""吉隆坡队"的华侨青年，举办为期20天的训练班。

6月，八围抗日同志会成立，刘伟志任主任。

8—9月，中共东江特委书记尹林平到博罗县第四区检查工作，指示做好建立罗浮山武装斗争根据地的准备。

9月，东团第三分团改为博罗队，杨德元任队长。

年底，东江特委在紫金古竹召开特委扩大会议，传达中共中央和广东省委有关指示，部署开展反对国民党顽固派反共政治逆流的斗争。

1940年

1月31日，博罗县委在新作塘八围小学召开扩大会议，传达贯彻中共东江特委紫金古竹会议精神，做好与国民党顽固派进行有理、有利、有节的斗争准备。

1月31日至2月初，国民党东江当局非法逮捕东团博罗队成员，制造了"博罗队事件"。先后被捕的有杨德元、李健行等23名队员。

2月上旬，东团把"博罗队事件"转告给南洋惠侨救乡会，将国民党顽固派迫害东团博罗队的真相公之于世。

3月，"博罗队事件"发生后，因李健行、杨德元被捕，博罗县委遭到破坏，博罗县党组织暂停活动。博西党组织归增城县委管理。

3月12日，东团博罗队全体被捕人员被解往韶关芙蓉山监狱。

3月中旬，博罗县委掌握的外围抗日武装东江游击指挥所第三游击挺进中队遭到破坏，副大队长胡展光等被捕入狱。

4月，国民党广东当局下令解散广东青年抗日先锋队和东江华侨回乡服务团。

是月，东江特委派黄惊白、张觉清到博罗县，通过陈洁安排进入国民党博罗县党部任职，随后，黄惊白、张觉清以国民党博罗县党部的名义创办《博罗日报》，陈洁任社长，黄惊白任副社长兼总编辑。

4月20日，共产党员胡展光、余铁夫和李兢在惠州被杀害。

5月，中共东江特委和东团总部以南洋惠侨救乡会的名义，由黄炜然、钟育民、吴逸民组成三人代表团前往韶关，专事营救工作。

7月20日至27日，经过多方交涉和斡旋，博罗队队员和后来被捕的东团其他队员全部无罪释放。

7月，中共东江前东特别委员会（简称前东特委）正式成立，尹林平任书记。前东特委领导惠阳、东莞、宝安、博罗、海丰、陆丰、增城、龙门等县的党组织。

8月，前东特委派吴伯仲到博罗接管党的领导工作，随后成立中共博罗临时工作委员会，吴伯仲任书记。

1941年

3月，200多名妇女在桔子中心学校举行博罗县有史以来第一次纪念三八国际妇女节群众大会。

5月下旬，日军分两路进犯博罗城，20多名群众被打死，一批房屋被烧毁。

10月，博罗县委分为公庄区委、麻陂区委，公庄区委由韩景星任书记，麻陂区委由李志春任负责人。

1942年

6月，"粤北事件"和"南委事件"发生后，博罗县委调走所有暴露身份的县委成员，并派林道行、徐博航、吴超明3人打入国民党博罗县政府工作。

8月，按照中共中央南方局"隐蔽精干、长期埋伏、积蓄力量、以待时机"的十六字方针，省委决定，博罗县博东地下党组织暂停活动，博西地下党组织设特派员，采取单线联系。

冬，日军从水陆两路入侵博罗城，博罗城第三次沦陷。

1943年

3月，中共东江前线临时工作委员会（简称"前东临工委"）成立，黄宇任书记，郑重任副书记。

12月2日，广东人民抗日游击总队东江纵队成立，曾生任司令员，尹林平任政治委员，王作尧任副司令员兼参谋长，杨康华任政治部主任。同时，发表成立宣言，公开宣布接受中国共产党的领导。

1944年

4月3日至4月5日，东纵独立第二大队一小分队在茹屋村民兵、群众的配合下，进行茹屋保卫战，先后打退日伪军的多次进攻，共击毙敌伪70余人，伤敌一批，东纵独立第二大队小分队战士及民兵、群众安全突围。

5月，前东临工委决定把已经暴露身份的共产党员韩景星、林道行、骆瑜、张瑞妍、曾冠英、徐博航、吴起明、李江、曾素娴转移到东江纵队工作；把钟育明、杜娟转移到沦陷区石湾湖山村开展活动。

10月，广东省临委召开会议，作出《广东省临委会决议》，决定全面恢复党的组织活动，恢复健全和建立各级党组织机构。

11月初，日军从石湾进犯博罗城，博罗城第四次沦陷。

1945年

1月，中共博罗县委重新建立，黄庄平任书记，博罗党组织全面恢复。

1月下旬，东江纵队博罗地方大队在柏塘锅寮下村成立，林道行任大队长。

2月初，王作尧、杨康华率江北支队、西北支队及第五支队，从企石北渡东江，进抵罗浮山以南的长宁乡和以东的横河乡，攻占龙门县麻榨圩，全歼国民党联防大队。

2月底，国民党惠（州）紫（金）河（源）博（罗）护航队第三中队大队长朱星一及惠（州）海（丰）紫（金）联防队第三中队中队长翁汉奎联合行动，相继脱离国民党，率领队伍开进罗浮山投奔东江纵队，加入抗战行列。

3月，东纵第三支队渡过东江开进博罗，会同第一支队和独立第三大队、独立第六大队及博西独立大队，扩展以罗浮山为中心的抗日根据地，为迎接东江纵队司令部、政治部领导机关进驻罗浮山做准备。

是月，横河乡抗日民主政府成立。

6月15日，东江纵队政治部主任杨康华在罗浮山白鹤观召开增城、龙门、博罗各界名流参加的国事座谈会。参加座谈会的有国民党党员、政府军政人员、社会名流绅士和农民领袖等各界人士80多人。会上，遵照中共中央关于"建立县、区民主政权应召开参议会，进行民主选举"的指示精神，选举韩继元为博罗县县长。

7月7日，博罗县各界在东宁乡举行庆祝大会，宣布博罗县抗日民主政府正式成立，韩继元任县长。

是日，博罗县各界在东宁乡（今长宁平埔岭）举行庆祝"七一"中国共产党诞生24周年纪念和全面抗战8周年纪念暨博罗县抗日民主政府县长宣誓就职典礼大会。

7月14日，国民党军独立第二十旅和地方团队1000多人，从公庄兵分两路向柏塘进犯，威胁罗浮山会议的安全。东纵第一大队第一中队一小队小队长洗根、政治服务员丁顺带领3个班的28名战士，从上午9时许到下午3时，打退了敌人六七次进攻，除班长黄秋等3人因伤撤出阵地外，其余25人壮烈牺牲。东纵以一个小分队的兵力，阻击国民党顽军正规部队一个团兵力的进攻，确保罗浮山会议的顺利举行。这就是"三棵松"战斗。

7月，博罗县农民抗日总会成立，游遇春任会长，下辖新一区农民抗日联会、公庄农民抗日联会和蓝田农民抗日联会。

9月，博罗县民主政府常备中队成立，李江任中队长，陈明任指导员。

10月中旬，陈达明到达横河，组建中共江北区特别委员会。

秋，博罗县委决定在博西区建立武工队，由区委书记叶奖、副书记何欢负责。

12月，国民党军第一五三师、保安第十团和梁桂平支队，大举向博罗地区进行"清剿"。江北部队在何坑头、陈禾洞、何家田一带以游击战术与敌人周旋。

1946年

1月14日，国民党军第六十五军第一五三师、保安第十团和梁桂平支队违反停战协定，进犯博罗各革命根据地。

7月，广东区党委就各地武装人员如何进行隐蔽斗争问题作出指示。

8月1日，广东区党委以东纵北撤人员曾生等人名义发表通电。通电对国民党当局迫害东纵复员人员的行径表示极大的愤慨，号召广东人民"采取同一步骤，严肃自卫，人不犯我，断不犯人，人若犯我，迫我至绝境，自不能束手待毙"，应坚决起来自卫。

10月，黄柏、黄干、霍锡鸿通过邓子廷、刘彪、张奕生等人联系发动东纵北撤时复员人员和群众200余人，组织"东江人民饥饿救济团"，进行公开的武装斗争。

1947年

1月26日，霍锡鸿在惠阳芦州乡富美村召集曾光、邓子廷、刘彪、张奕生等人会议，传达广东区党委恢复武装斗争决定的精神。28日凌晨，驻泰美的国民党军和观音阁的反动武装共300多人包围富美村。曾光、甘生、黄汶等大部分人员成功突围，霍锡鸿、刘友、郭贵、黄卫民在突围中壮烈牺牲。

4月，曾光和黄干的两支队伍60多人在何家田合编为一个中队，仍沿用"东江人民解放军独立第十大队"的番号。曾光任大队长，黄干任政治委员，邓子廷任副大队长。

夏，张奕生、朱湘祺到桂西北开辟新区，收编李觉绿林武装20多人。

1948年

1月，陈江天在何家田召开江北地区干部会议，传达中共中央香港分局关于"大搞"的精神，随后开展了收缴反动地主的武装、破仓分粮、分浮财和停租废债、土改分田等群众斗争运动。

2—3月，江北工委召开会议，传达中共中央香港分局《粉碎蒋宋进攻计划，迎接南征大军的指示信》。会议决定，江北工委改称为江北地委，黄庄平任书记，陈李中任副书记。江北地区的武装部队统一整编，成立广东人民解放军江北支队，黄柏任司令员，黄庄平任政治委员，王达宏任副司令员，陈江天任政治部主任。

2—3月，江北支队在增龙博地区的相思坑成立交通总站，叶文芳任站长。

10月，李觉发动国民党茅岗（龙门）自卫队队员钟新泉等人里应外合，击毙顽抗的中队长，收缴机枪2挺，长、短枪70多支，弹药一批。钟新泉等70多人成功起义。

冬，桔子乡人民政府成立。

冬，石坝乡人民政府成立。

12月27日，中共中央批准成立中国人民解放军粤赣湘边纵队，由尹林平任司令员兼政治委员，黄松坚任副司令员，左洪涛任政治部主任。

1949年

1月，中国人民解放军粤赣湘边纵队、闽粤赣边纵队、桂滇黔边纵队联合发表声明，宣告正式成立。

1月4日，国民党博罗县县长吴舜农率领200余人武装袭扰公庄，在5日、7日、9日三次战斗中，遭到江北支队第三团一部毙伤20余人，被围困于獭子圩内。

2月7日，国民党博罗县县长吴舜农弃职潜逃。

2月15日，江北支队奉命编为中国人民解放军粤赣湘边纵队东江第三支队，由黄柏任司令员，黄庄平任政治委员，王达宏任副司令员，陈李中任政治部主任。

2月22日，东江第三支队举办青年干部培训班，招收小学以上学历的男女青年100人进行学习训练。

3月，獭子乡人民政府成立，李梅芳任乡长。

3月11日，江北地委作出《关于反"扫荡"军事斗争的决议》。

3月17日，东江第三支队两个独立大队在博罗公庄上坪伏击国民党国际部独立第二团第三营，共毙敌39人，伤敌37人，俘虏敌营长申江以下官兵185人，缴获迫击炮1门，六〇炮2门，轻、重机枪14挺，长、短枪200多支，电台1部，其他军需物资一大批。这一伏击战，不但粉碎敌人对江北地区的军事进攻，而且为江北地区战局的根本转变奠定了基础。

4月，柏塘区委成立。

是月，三径乡人民政府成立。

4月18日，国民党东江守备总队第二大队大队长罗松、副大队长王瑞祥率领官兵60余人在埔前圩宣布起义。起义后编入粤赣湘边纵队第三支队第一团。

7月29日，粤赣湘边区党委发出《做好准备工作迎接大军解放的指示》。

8月8日，中共江北地委为迎接南下大军，发出《紧急动员起来，一切作迎接大军、夹歼残敌、解放广东之准备》的指示。

是月，东江第三支队发出《为紧急动员起来，迎接南下大军，告全体同志书》。

是月，县、区、乡均成立了支前委员会，负责完成支援前线、迎接大军南下的任务。

9月11日，国民党保安第三师师长徐东来率领国民党保安五师纠集第十五团3000余人，增援柏塘圩的一个营守军，赶到十二岭时，遭到粤赣湘边纵一个团的伏击。随后，赶来增援的粤赣湘边纵三团三营迂回到罗村附近一带打掉敌军的指挥所，敌前线部队立即全线溃退。粤赣湘边纵三团三营取得罗村阻击战的胜利。

9月13日，为迎接南下大军，粤赣湘边纵队决定在沿公路的黄泥潭、埔前、石坝、黄麻陂、杨村、三径、柏塘、平安、响水、湖镇、龙华、长宁、福田、联和等地区设立供应站。

9月22—27日，粤赣湘边纵队司令部调集第四支队和第三、四、六团，在埔前、石坝堵截弃守河源南逃的国民党第一九六师。此次战斗，双方都出动1万人左右的兵力，在埔前、石坝、麻陂一线狭长的平原地带展开大规模战斗，时间持续6天，粤赣湘边纵队取得战斗的胜利，粉碎敌人企图南逃海南岛负隅顽抗的计划。

10月4日，中共江北地委决定，徐文调回东江第三支队司令部另行分配工作，中共博罗县县委书记、第一团政治委员由曾光接任。丘继英调往花县，第一团政治处主任由何欢接任。10月11日，徐文调往增城任县委书记，第六团团长兼政治委员，增城县军管会主任。

10月上旬，中共博罗县委员会重新调整，由曾光、张奕生、林石群、钟奇组成，曾光任书记。

10月14日，中国人民解放军粤赣湘边纵队东江第三支队第一团、独立第三营和两广纵队第一师抵达博罗县城，国民党博罗县联防大队大队长，曾景阳率部起义。博罗全境解放。

10月16日，东江第三支队第一团从响水出发，到博罗城举行隆重入城仪式。中共博罗县委员会、博罗县人民政府随即迁驻博罗城。是日为博罗县解放日。

10月17日，博罗县军事管制委员会成立，曾光任主任，张奕生任副主任。

10月20日，中国人民解放军两广纵队分别在龙华、石湾等地把国民党军第一五四师、国民党博罗县政府包围。第一五四师副师长郑荫桐、县长张希贤率部缴械投降。

10月29日，博罗县正式建政，曾光任博罗县人民政府县长，张奕生任副县长。

附录四

博罗县革命老区镇（村）一览表

所在乡镇	所在管理区	老区村庄名称
蓝田	蓝田	老屋　圩围　蓝坝　肖洞
	蓝新	澄塘　黄泥塘　岭埔　中田
	秀埔	塘角　岭排　老围
	吉石	石塘　吉石
石坝	黄山洞	坳下　黄坑　丁坑　上屋
	山下	山老　稔子山　龙颈塘　白庙
	坦田	上屋　大屋　下屋　老屋
	新村	新村
	红星	苏茅埔　黎头嘴　因记　塘虱湖
	象岭	社陂　和胜　城陂　大桥板　岭排　老屋　新屋　下埔里
	乌泥湖	富口龙　黄草光　下黄屋　晶头勿　四姓祠　胡屋　水溪头　龙胜　上新屋　苈园　坑子耳　中心屋
	下坑	五大门　滑塘　旱塘窝　莲塘浪、仙水沥　横新
	三嘉村	新圳口　黎村　学光龙　草浪　龙底　柏树下　前进　前锋
	埔坝	埔坝　连塘丫
	石坝	树山下　树背　沙墩下　石坝圩
	龙口	沙神岭　大龙口　岭排　斗门　小岭　井头陂

（续表）

所在乡镇	所在管理区	老区村庄名称
石坝	石联	石结屋　白坟坑　对门岭　四面塘　楼角　老新屋　芋子岗　付屋　花树潭　许屋
	大水坑	梅子峰　磨石坪　鱼岩　连麻塘　田寮　福坑
	冷水坑	塔光　岭排　四角楼　太记　麻桥　老太记　对门岭
	官村	田屋　翟屋前　七星光　新村　大板　五记
麻陂	横茜	和老　八角　奇龙塘　横岭　新湖
	三科	黄坑尾　上围　下围　大窝仔　仙人迹　黄坑　独岭　桥埔　大埔　埔心　兴合　大屋　万兴　围肚　新村
	曲潭	曲潭埔　青山　上青山　下段　承岭　石潭　保记　叶屋　红屋仔　星星　吉隆　夫塘
	鸡龙山	鸡龙山　企岭下　大挞田　狗吹番　黄坭岭
	塘尾	茜沥　佛陂　下坐　大陂坝　草堆岭　新围　中和　段心　塘尾　湖坳　老茜沥
	坳头龙	坳头龙　岭顶　上书房　松岭　和平　桥塘　横龙　小坑
	艾埔	山尾　罗坑　山背田　陂头下　上艾埔　茅背岭
	金湖	杨梅坝　长塘　红梅　应埔　金湖　张屋　门陂　梅塘
	永丰	福昌　联角　仓背　隆盛　甲地龙　陈俊行　对门岭　松河陂　陈屋　上屋　房屋　曾屋　横圳　冷水坑　水心围　简下龙
	洋田	洋陂　下屋
	宝溪	河排　张屋　邓屋　陈屋
	新村	水井　田坝　野鱼塘　宋屋　老围　七步　长岭排　袁墩岭　楼角

（续表）

所在乡镇	所在管理区	老区村庄名称
观音阁	棠下	上村　竹园　黄屋　学堂围　唐屋坝
	砂岭	砂岭　大埔
	南坑	南坑　雍州
	圩镇	圩镇
公庄	蓝坪	上交车　下交车　邹屋　蓝坪　南坑子　鸭麻峯　下炉底
	獭子居委四家曾	獭子圩　佳子行　下围　桥背　墩头　宅前
	寨岗	寨岗　乌石头　刘屋　杨屋　塘坑　新村　龙头　东山
	南梅	下洞
	溪口	东海进
	鹊楼	下李屋　余屋　塘房　奎布岭　罗屋　将屋　冷水塘　冷水坑　山佳斗　上石屋　上李屋　双良车　矮庄下　楼角　杨梅坑　车田
	维新	杨稠陂
	大陂	涨竹沥　大布　老围角　新塘　长山子　陆明光　校树窝　炉下　密石坑　印上　新屋　果园　丰禾田　叶屋坝　官田　黄恙龙　正子围肚　正子散屋　李屋　陂头神
	陂头神	骆民围　曾屋　吴同盛　吕屋　大沥肚围　大沥散屋　石屋　石子滩　布子　鹿岗岭　神前布　鸭麻坑　绿子坑　水基塘　和茂　车田　矮岗
	白沙岗	福学岭　沙背窝　白沙岗
	溪联	蕉坑子　麻竹坑　墩子　山下　三墩

（续表）

所在 乡镇	所在 管理区	老区村庄 名称
公庄	南溪	欧屋　神子前　吉水围　糯斗林　下村坝　朱屋 下陂岭　下陂新屋
	横岭	张屋　周屋　罗屋　横岭　余屋　横圳　石围　新村 寺前　井头　老围　老虎岭　坑子耳
	近石	上洞　下洞
	坝子	荷树陂　上下坝　新塘　苏毛火　骆山下　田心 新上坪　白麻布
	桔子居委	桔子圩　古圳　新屋　务坑　老围　东兴　新兴
	李洞	脚头　上屋　蓝果塘　蓝坪　下洞
	官山	官山
	水东坡	荷水塘　锡坑
	林场	三坑　李总营　白泥坑　长平岭　上文田　高围子 隔水　园份　叶屋　黎树岭一　黎树岭二　福杓子 黎树岭黄屋　园份黄屋　郭屋
杨村	陈村	木棉坝　老屋　中心屋　塘头　新屋下　大园　岭顶 老围　优新
	宝潭	马岭　宝潭　南岭　南新　南门
	耀潭	北门　灰楼　地塘头
	水华寨	狮尾　致丰　塘尾　安荣　梨园
	上车	梨元　河唇　又胜　井唇　新湖　大浪　新浪　茅湖
	塘角	仁岭　西元　大只屋　老围　黄塘　长岭　比岭 小笋
	坑美	车坝　茶耳　水围　店仔　红星　下埔　米埔　松元 门口　老围　新村
	井水龙	风门坳　贞记　昌利　老围　老坳　石寨　樟树角 象嘴村

（续表）

所在乡镇	所在管理区	老区村庄名称
杨村	新前	奄前　瑞记　杜窝　岭下　厚下　江巷　老围　下青岭　下排岭　牛屦坑　石桥头　黄果岭
	大井	车田　李家村　黄角塘　大岭排　大岭背　石塘围　出头　井头　井尾　高坳下　山下
	径口	油榨下　下六岭　上六岭　中径　夹石坳　上屋　下围　西角
	竹子园	中心　井头　老围　新作塘　吴屋　布城　黄坭岭　下新屋　下陂子
	新田	对门岭　水打坝　羊厂　中心屋　下围
	大岭下	小坝　二和　山路　老围　小科　只水　牛角龙　下南昆　上南昆
	合水	合水
	埔莲	象告　马鞍岭　山尾　新塘　莲塘岭　西布　东庭　潘屋　茶壶耳　黄屋　李屋　田心　车头
柏塘	埔莲	西溪　石塘
	鹅寨	坑肚　大屋　园布　背弄
	石岗	龙颈　岭排　塘布　蛇岭　寨坑　花山　佳坑　江潭　沙布
	邹光	石光　群星　白石
	水陂	茅田　响塘围　岗背岭　黄惊塘　园山头
	石湖	锅寮下　下楼角　上楼角　老屋　徐禾田　廖屋　矮老
	龙头	红头岭　寨场巷　南山下　园湖　小坑　二坑　陈屋
	低陂	低陂　屯里坝　坑子屋　石壁坑
	银楼	银坑　楼下

（续表）

所在乡镇	所在管理区	老区村庄名称
柏塘	车田	松树屋　马耳角　回龙　沙沱　三角湖　山下　茂坑　塘坑
	黄塘	荣记　三村　下村　下园　边田　全学　下新屋　梅下
	鸭公	美岭坝　围肚　茶新
	横岭	禾辽排　路下　塘房　下屋　仕岭　老屋　塘下
	蕉木	曲辽　上新　大新
	洋景	下坳头　长岗围　步狗岗
	高桥	元益　前丰　上围　金竹园　下陂
	屯里	楼角　上门刘　老屋　保珍
	柏市	牛轭曲　茜塘围
	新陂	赤米田　白岭
平安	旱田	八子爷　下各　上各　沙上　松八岭
	白岭	下碰角　旱田排　井头田　岭下　八家
	平安	新村　河洞　广义　牛岗　圩下
	坳头	楼三　沙布
	黄新	黄姜坑　黄果塘　新塘
	小洞	桃窝　老屋　新店　光布　径口　示下
	黄栏	黄沙坑　牛栏垅　金竹坑　旧塘
	陂头	塘尾　吻咀　望田　典岗　大新　老屋　大屋
响水	茶山	大网　塘角　水口　竹园
	横光	下光　横兴
	下洞	火烧窝　黄龙坑　黄沙坑　殷学田　罗学田　示下　良村

（续表）

所在乡镇	所在管理区	老区村庄名称
响水	大坑	高坡　大径口　怡合　猪洋径　石古岭　何径　黄坑
	埔头	埔头　马屯光　麻甲塘
	黎岗	黎岗　神下　育子科　沙背塘　山下　斗坑　新屋围
	上前	上石前　下石前
	三水	三水　廖塘　白云岗　华祝坑　大坪肚
	星星	埔下　上坑　塘角岭
	下径	鸭坑　下沙　下径　大网　黄屋　李屋　角地　水头　窑下
	大丰	元新　角背　四角楼　杉头　沙坑　大新　横新　黄坑
	坪山	城洞　大田　毛池岭　李学　官斗　坪山
	塘下	草塘　新塘　瓦头岭　围顶　竹园头
	丰元	矮岭　地堂头　后背巷　第四村　第五村　第六村
	新围	老围　塘背　邓屋　黄屋　溪背　龙岗　马岗　马新　窑下　郑屋　上下坝　林屋　郑新屋
	新丰	上久　下久　福田　湖新一队　湖新二队　袁屋何屋
	东埔	窑口　新屋　示塘　必记　响和　东门　西门　上角　下角　上埔　沙庄
	居民委员会	坪一　坪二　德元坊　百子布　沙唇　何塘
湖镇	和睦	赤岭　魏屋　张屋　田寮　麻竹坑　白土　田埔　湖洋背　新屋下　下围　上围　大和岭　松和新屋
	邹村	龙门头一村　庄村　天和布　新屋　东门一　东门二　西门三　西门四

（续表）

所在乡镇	所在管理区	老区村庄名称
湖镇	东风	猛径　柏朗　显岗圩　林屋　颜村　赖屋
	光辉	广宁　墩头　黎岭　岗一村　岗二村　黎镇六村
	陈村	上朗　老围　田心　新围　广宁　塘口　殷屋
	新风	一村　二村　三村　水新围
	水心围	乌石岗
	下村	神一　神二　神三　神四
	钓湖	罗口顺　钓湖　典步
	岗南	石新　古屋　水南　叶屋
	显岗	长源　屋下　长房　二房四　二房五　屋仔　围背　新围　地塘头　山尾　瓦头岭　大田
	新作塘	坪山头　蓝塘　乌榄园　黄果塘　布上　上田心　榄树下　甲子岭
横河	西群	牛路头　荷树坳　厚记　水清龙　老白圳　水打坝　谢坑　塘一　塘二　学龙　丁子坑　塘尾　黄洞　姚新
	西角	姚坑　黄月岭　陈岗岭　新围　罗塘　石屋　布心　高屋　径背　蓬吉　黄坑　仙角　田心
	嶂背畲族	新塘　大板田　新屋
	何家田	相西　大小银坑　老围　朱屋　关屋　桥头　田龙
	黄竹坳	苏罗径　亢下　柏根　老屋　暗坑　沙前　老屋场　洋下坝　石桥头　奎角
	直径	下浩水　田坑　打铁坑　吉林　曾屋　木棉龙
	花园	岭下　地塘　园肚　花园　杨梅
	东角	松源嘴　小布坑

（续表）

所在乡镇	所在管理区	老区村庄名称
横河	白马山林场	白马山
	石湖嘴	上南　南坑　石湖嘴
	横河	沙梨园　石出头
	沙上	七甲　大埔围　沙上
	郭前	白官坳　松光英　郭前　毛草沥　大埔围　上良
	卢屋	坪山　陂下
	下河	龙潭
	河肚	坳山下　李屋　下黄屋　叶屋　谢屋　径口　油麻布　上沙　横坑　柏树坑　横岗岭　埔尾　神背坑　塘下　田寮　上黄屋　新溪　角岭　大安
泰美	罗福田	罗福田　田寮　仙子岗
	新星	白务岭
	赤岭	松柏塱　姜园　岭背排　良田围
	芹塘	柏朗　芹塘　天光
	楼下	黄垅　楼下围　竹山排　凤岭
	水安围	墨园　南坑坪　黄公坑　排屋　围肚　楼角　钟屋
	罗村	高布　卓记　塘尾岭　中塘布　楼角　下新屋　对面岭　后背塘　塘唇屋　佛岭　桥下塘　老围
	兴水围	冷水坑　灰楼　邓塘
	三径	南门洞　三径　耙岭　四角楼　老围　梅山　姚前　新屋　高岭
	车村	隔塘　隔离　散屋　凹头　隔沥　好地名　水东陂移民村
	良田	石颈　下园　古塘　窑下　下埔　排屋

（续表）

所在乡镇	所在管理区	老区村庄名称
泰美	罗营	黄牛田　流洞　大朵　何中
	岑坑	月岭　聚兴　顺昌　黄榄　钳口围　新屋　老屋
	新塘	龙塘　欧塘　楼角　寨岗　奎岭
	雷公	花甲岭　赤珠光　黄秋脚　裕光　西瓜塘　石咀　横山　雷公滩　石山　田心　黄田段
	秀岭	秀岭　沐村　星塘　草埔山　马湖
	盘沱	沙梨园　沥口　上书房
长宁	罗岗	大岗　水口垄　大洞
	松树岗	松树岗　禾庭光
	石下屯	油禾岭　三株松　孔福龙　独岭　坪布岭　罗刘屋　石下屯
	东平	东家坑　双江　赤水湖　大岭脚　九岭　石下　东平　学塘围　山子尾　解放　江子下
	澜石	坑背　佰径　布下　上屋　新围　果园　围下　龙泥　天角　国湖　姑峰　花坑　东门　西门　石角　田心　下湖　黄田　药院
	酥醪	茅坪　沙排　下坡　庙前　冰田　合水口　社下　高屋　谭屋　李屋
	埔筏	埔筏　各前头　东边月　径口山　山湖　老东堂　新东堂　合力　赤圯坳　牛皮水
	祥岗	祥岗　牛过水　三星　罗浮新村
	福岗	福岗　石下　龙颈筋　库斗岗　黄竹坑　田心　黄果坐禾岭
	下朗	桃子园　上坑　朗头　大埔　下屋塘
	古圯塘	上孔　中孔　下孔　梁屋　袁新　袁旧　梁田　荷塘

（续表）

所在乡镇	所在管理区	老区村庄名称
长宁	水边	学树村　方都湖　楼下　新湖　青塘　周村　西行岭　鸭仔坝　三棵松　水边
福田	徐福田	徐福田　栏门
	坳岭	石坑　老杨屋　湖扬　新扬屋　山堂尾
	荔枝墩	荔枝墩
	福田	张本田　大井栏水屋　火烧围　江埔头
	鸡公坑	瓦窑前　东坑　西坑　何叶屋　昌福岗　下新屋
	联和	围岭　邓塘　横垄　冲径　彭佛垄　唐屋　江村　新村　竹筏埔　排下　牛栏岭
	莲塘岗	洋江垄　钱屋　莲塘岗　新店　白面前　果合岭
	石巷	朱塘　甲枣垄　石巷　红坎　新夆　赤网岭　坑背　付竹坪牛　仔垄
	柿树下	蒲芦氹　打鼓潭　吉垄　树下　田心
	道姑田居委	道姑田　河洞　月琴垄　围下　杉排窝　黄家坑　福昌屋
石湾	湖山	湖山　茹屋　西埔　水东陂新屋
九潭	义合	岗背
	义和	曾温　向南　向西　西联
	佛岭	南门　西门　北门　新围　先锋
	马石岗	马石岗　长虹
	新村	新村　牛头潭
	上村	东门　南门　西门　南望　格田
	水口	曾屋　陈屋　黎屋　叶屋　塘尾
	凤山	上围　下围　三厅　聚和　黄毛岭

（续表）

所在乡镇	所在管理区	老区村庄名称
九潭	沥东	东昌围　牙岗　邱岗　黎岗　新丰
	沥西	新屋　石门楼　下巷　下岗　上周　中下周　长平岭
	九潭居委会	九潭圩　东博圩
园洲	马嘶	马嘶
	寮仔	寮仔
	李屋	李屋
	梁屋	梁屋
	陈村	陈村
	桔龙	桔龙
	田头	田头
	禾山	禾山
龙华	柳村	柳村　山前　太和
	粮桥	粮坑　大桥　潭村　三村　石背
	旭日	旭日
	鹤溪	鹤溪
	龙华	龙华圩　石门楼　前湖　文明市　下边　刘屋地
	宁和	宁和圩　曲范　下村
	竹园	大竹园　周塘　福布　黄塘　林村
	仕塘	仕塘　塘新　塘老
	北堤	章蔚　白水塘　北角围　殷围
龙溪	结窝	结窝　麦村　老围　白石
	球岗	球岗　下朗
	长湖沥	梅花岭　长湖沥　合湖　梁屋边

（续表）

所在乡镇	所在管理区	老区村庄名称
龙溪	龙岗	龙岗岭　新鲤鱼头　老鲤鱼头　新岗头　老岗头　谢屋　水贝　龙溪　龙溪圩
	银江	银江　乌石　罗村　办塔角　大田洲
	钟屋	钟屋
	黎屋	黎屋
	横巷	横巷
	黄屋	黄屋　讯地　礼村圩
	白莲湖	白莲湖
	埔上	红星　村尾　同和　沙头　东风
	小蓬岗	深湖　下村　新屋　老屋　桥子头　大平头
	湖头	湖头　新龚　老龚　上边　赤岭下
	绿水湖	上门　下门　孙屋
	苏村	合竹洲　山尾　沙河埔　叶来屋　庙边　罗屋　苏村圩
	宫庭	宫庭村　象弼头　甘屋　菜园下
	夏寮	夏寮村　大门　大成
	埔心	埔心　江下　薛屋　李屋
罗阳	东区居委会	东区
	西区居委会	西区
	水西	水西　观背
	田碑	何屋　上陈　下陈　溪背　中心坝　车田　蒲枸岭　陈村　黄田　连洞　杨梅埔　岭背坑　石角　上窝　田心

（续表）

所在乡镇	所在管理区	老区村庄名称
罗阳	田碑	黄甲岭　杨梅二队
	莲湖	稿树下
	东坑	东坑　黄泥塘　竹元围　新陂围　新岭　陈塘　西面头　南蛇坑
	小金	塘佛　四角楼　塘上　田心　柏岭　盘围　江老　大径　南岭
	赤竹坑	水东陂移民村
杨柑场	朝田	朝对坑　蕉园下　田心仔　塘仔角　打鼓岭　柏木坑　白云前　灯心坑　赤竹坑
	塔东	天井塘　百页肚　富口龙　湖北桥　半门　兴隆
	小坑	黄龙口　牛颈岭　坑尾　小沥　青湖
	大坑	白木坑
	大坑分场	虎草径　下陂　金龙围　潭湖　武高　樟木楼　涩洋　东塘　湖洋　老围　清明塘　上禾塘
	三家村	曾屋　老屋　李屋　赤岭

注：此表依据广东省民政厅1997年9月《广东省革命老区村庄名册》。

后记

　　编写《博罗县革命老区发展史》，记述博罗老区人民在中国共产党博罗地方组织的领导下，在国内革命战争、抗日战争和解放战争时期，经历无数次血与火的考验，一步步走向胜利的革命斗争历史，是我们多年来的夙愿。

　　中共博罗县委、县政府对本书的编纂工作十分重视，在人力、物力方面给予了大力支持，是本书能够按照上级要求依时出版的重要保证。

　　县委党史研究室的领导和同志们，是专门从事博罗党史研究的专家、学者。10多年来，他们以刻苦、认真、负责的精神，为中共博罗地方组织史的研究，积累了大量翔实、准确、全面的历史资料，并且出版了有一定影响力的《中国共产党博罗地方史》《罗浮烽火》等专著。本书在编写过程中，得到县委党史研究室的领导和同志们的帮助和指教，同时也吸收了他们的研究成果；在成书的过程中，也得到县委办、县政府、县改革发展局、县民政局、县老区办、县方志办等单位的指导和帮助。在此书出版之际，谨向上述单位和个人致以衷心的感谢和崇高的敬意！

　　由于编者的水平所限，本书难免出现错漏之处，我们诚挚地请大家予以批评指正。

《博罗县革命老区发展史》编委会

2021年6月

广东人民出版社 党政精品图书

围绕中心，服务大局，做最具高度、深度和温度的主题出版物

中宣部主题出版重点出版物

《中华人民共和国通史》（七卷本）

· 全国第一部反映中华人民共和国70年光辉历程的多卷本通史性著作
· 中央党校、中央党史和文献研究院权威专家倾力打造

《账本里的中国》

一册册老账本，串起暖心回忆，讲述你我故事，体味民生变迁。

《全国革命老区县发展史丛书·广东卷》

· 挖掘广东120个革命地区的红色记忆
· 中国老区建设促进会牵头组织

《红色广东丛书》

· 广东省委宣传部重点主题出版物
· 传承红色基因，弘扬革命精神

本书配有智能阅读助手，为您1V1定制

《博罗县革命老区发展史》阅读计划

帮助您实现"时间花得少，阅读体验好"的阅读目的

建议配合二维码一起使用本书

您可根据自己的学习需求，量身定制专属于您的阅读计划：

阅读服务方案	阅读时长指数	为您提供的资源类型	帮助您达到以下学习目的
1. 高效阅读	阅读频次 较低　每次时长 较短　总共耗费时长 ■■	总结类	快速学习和掌握红色精神。
2. 轻松阅读	阅读频次 较高　每次时长 适中　总共耗费时长 ■■■■	基础类	简单了解革命老区的历史。
3. 深度阅读	阅读频次 较高　每次时长 较长　总共耗费时长 ■■■■■	拓展类	继承和发扬红色精神，推动老区发展。

针对您选择的阅读计划，您可以享受以下权益：

立刻获得的主要权益

▶ **专享本书社群服务：** 提供创造价值与私密的深度共读服务，群内分享阅读干货，发起话题探讨
▶ **1套阅读工具：** 辅助您高效阅读本书，终身拥有

每周获得的主要权益

▶ **专属热点资讯：** 16周社科文学类资讯推送，每周2次
▶ **精选好书推荐：** 16周文学社科热门好书推荐，每周1次

长期获得的主要权益

线下读书活动推荐： 精选活动，扩充知识开拓视野 不少于1次

抢兑礼品： 免费抽取实物大礼 不少于2次限时抽奖

微信扫码

添加智能
阅读助手

只需三步，获取以上所有权益：
1. 微信扫描二维码；
2. 添加智能阅读助手；
3. 获取本书权益，提高读书效率。

❶ 鉴于版本更新，部分文字和界面可能会有细微调整，敬请包涵。